TOM DIESBROCK

VON HUNDEN UND MENSCHEN UND DER SUCHE NACH DEM GLÜCK

TOM DIESBROCK

VON HUNDEN UND MENSCHEN UND DER SUCHE NACH DEM GLÜCK

MIT ILLUSTRATIONEN VON
ROELIE VAN HEERDEN

HERDER

FREIBURG · BASEL · WIEN

Für Jacob,
für sein Vertrauen und
seine Geduld mit mir
und seine Bereitschaft,
mich zu adoptieren.

INHALT

WAS MACHST'N DU DA?

Ich schreibe, siehst du doch.

Ach ja? Siehst nur gar nicht so aus. Eher wie jemand, der schon ziemlich lange auf sein Schreibdings starrt und nichts tut. Außer sich mit bunten Bildern und Filmen abzulenken.

Tatsächlich saß ich schon seit einigen Stunden auf meiner Gartenbank, das Notebook vor mir auf dem Tisch und darin eine schöne weiße Seite. Ab und zu tippte ich lustlos ein paar Wörter und Sätze, verwarf sie aber sofort wieder. Zu banal und uninspiriert, zu langweilig – nichts gefiel mir. Jacob ging es dagegen offensichtlich recht gut. Er lag ein Stück von mir entfernt auf dem Rasen, genoss die Maisonne, schaute ab und zu einem Vogel hinterher oder knurrte ein Eichhörnchen an. Jetzt galt sein Interesse mir.

Weil ich einfach keinen Anfang finde. Schreibblockade nennt man das wohl.

Wieso bist du denn schreibblockiert?

Weiß ich auch nicht. Mir gehen so viele Sachen durch den Kopf, von denen ich in meinem neuen Buch erzählen möchte.

Und wovon willst du erzählen?

Darüber, wie wir miteinander leben. Und wie du zu mir nach Deutschland gekommen bist.

Wow, du schreibst über mich! Find ich super! Das wird ganz sicher dein interessantestes Buch!

Mal sehen.

Und wieso ist das so schwer? Du musst doch einfach nur alles aufschreiben.

Unsere Geschichte habe ich schon mal aufgeschrieben. Jetzt möchte ich den Menschen erklären, wie sich mein Blick auf das Leben verändert hat, seit du bei mir bist. Was ich so alles von und mit dir gelernt habe.

Das ist wohl 'ne ganze Menge, schätze ich.

Und wie viel glücklicher ich heute bin, seitdem wir uns damals in Indien getroffen haben.

Oh, ich auch!

Ich musste lächeln und spürte, wie sich meine verwurschtelte, blockierte Psyche etwas lockerte.

Weißt du, ich habe so viele Dinge und Geschichten von uns beiden im Kopf, von denen ich erzählen möchte. Ich habe nur noch keinen Schimmer, wie ich das Buch aufbauen will. Was erzähle ich am besten an welcher Stelle? Womit fange ich an, und was soll am Ende stehen? Das ist echt stressig.

Jacob sah mir mit einem mitleidigen Blick tief in die Augen. So schaut er gern, wenn er meint, dass ich mal wieder den Wald vor lauter Bäumen nicht sehe und dringend seine Hilfe und überlegene Intelligenz benötige.

Willst du'n Rat von 'nem einfachen Straßenhund?

Hatte ich eine Wahl?

Klar.

Mach dich doch mal locker. Denk nicht so viel rum, sondern fang einfach an. Vielleicht von vorne?

Mir fiel nichts Schlaueres ein.

Okay, das versuche ich mal. Also ...

KURZ VOR WEIHNACHTEN REISTE ICH SPONTAN NACH INDIEN,

weil ich unzufrieden mit meinem Leben war. Nicht um dort zu meditieren oder Yoga oder irgendwelche spirituellen Sachen zu machen. Nein, mir fiel schlicht nichts Besseres ein. Und weil meine Freundin Anna dort im Urlaub war und meinte, ein bisschen Sonne, Meer und Palmen im Dezember könnten mir nicht schaden. Angenehmer als der Winter in Hamburg sei es schließlich allemal.

Warum genau ich unzufrieden war, wusste ich gar nicht wirklich. Und damit ging es mir – das einzugestehen, fiel mir nicht ganz leicht – wie den meisten der Menschen, die ich seit vielen Jahren berate und coache. Vielleicht meinen Sie, dass jemand, der anderen dabei hilft, glücklicher zu leben, selbst ein richtig glücklicher Mensch sein muss? Nein, so funktioniert das leider nicht.

Zweifel an mir und meinem Leben hatten schon seit einiger Zeit beharrlich an mir genagt und mir eingeflüstert, etwas Wichtiges würde meinem Leben fehlen. Dabei ging es mir nicht wie einigen meiner Klienten, die darüber klagten, nicht erreicht zu haben, was sie sich erträumt hatten. Eher im Gegenteil. Kennen Sie den Satz von Oscar Wilde »Wenn Gott die Menschen bestrafen will, erhört er ihre Gebete«? Beten war noch nie mein Ding, und gestraft fühlte ich mich auch nicht. Vielmehr musste ich feststellen, dass fast alles, was ich mir – vor allem beruflich – einmal gewünscht und erträumt hatte, seit Mitte vierzig erreicht war. Meine Coachingpraxis lief prima. Ich hatte mehrere Bücher veröffentlicht – mein großer Traum! –, die sich gut verkauften und ihren Lesern tatsächlich ein bisschen helfen konnten. Auch über mangelnde Medienpräsenz konnte ich nicht klagen. Vor allem hatte ich mir etwas geschaffen, das mir schon immer am Herzen lag: Freiheit. Ich konnte mein Leben und meine Arbeit im Großen und Ganzen einteilen und gestalten, wie ich wollte. Hätte man mir mit Ende zwanzig gesagt, mein Berufsleben würde eines Tages so aussehen – ich wäre wahrscheinlich ausgerastet vor Begeisterung!

Aber jetzt fühlte sich mein Leben an, als sei Sand im Getriebe. Dass auch noch mein fünfzigster Geburtstag drohte, machte die Sache auch nicht unbedingt besser. Hatte mich tatsächlich eine (relativ späte) Midlife-Crisis ereilt? Oder war es das, was die Psychologie eine Zielerreichungsdepression nennt? Beides möglich. Nur, was half's? Da hatte ich Psychotherapien und psychologische Ausbildungen absolviert – und stand jetzt da wie der berühmte Ochs vorm Berge.

Warum also nicht für drei Wochen in die Tropen fliegen? Grübeln konnte ich schließlich auch dort, nur eben bei stimmungsaufhellendem Wetter. Außerdem wollte ich an einem neuen Buch arbeiten, unter Palmen lässt sich das ganz gut erledigen. Und so landete ich im paradiesischen südindischen Varkala. Um mich herum tobte das laute, bunte indische Leben, und ich fühlte mich einfach nur fehl am Platz.

So sahst du auch aus, wenn ich das mal einwerfen darf. Während ich mit meinen Kumpels spielte, die einheimischen Menschen flanierten und schwatzten und die Besuchermenschen im Meer planschten – während jeder also an meinem Strand das Leben genoss, hocktest du nur traurig im Sand.

Als wärst du gerade vom Himmel geplumpst und hättest noch gar nicht kapiert, wo du gelandet warst. Blass und müde hast du ausgesehen, nicht gerade attraktiv.

Herzlichen Dank.

Gern geschehen. Und weil du mir irgendwie leidtatest, hab ich mich dann zu dir gesetzt.

Ich war total überrascht, als einer der Strandhunde plötzlich in meine Richtung kam, sich einfach so vor mir in den Sand legte und mich neugierig anschaute! Der will ja sowieso nur etwas zu fressen von mir, dachte ich.

Natürlich! Ich war damals schließlich noch ein Streuner. Mit einem gesegneten Appetit. Aber darum ging es mir nicht. Nicht nur. Denn ich habe sofort erkannt, dass du ein netter Kerl bist. Und ein bisschen Hilfe brauchen konntest.

Was hatte ich für ein Glück, dass du so ein aufmerksames Kerlchen bist! Dabei war ich ja immer eher ein Katzenmensch, der Hunde zwar recht nett fand, aber nie einen Draht zu ihnen hatte.

Bis ich kam.

Bis du kamst!

Dieser kleine Hund – man sagte mir, er sei erst vier Monate alt – brauchte nur ein paar Tage, um mein Leben und mich total umzukrempeln. Meine düsteren, zweifelnden Gedanken lösten sich auf wie Wolken unter der Tropensonne. Ich verbrachte die meiste Zeit meines Urlaubs mit meinem kleinen Freund. So nannte ich ihn. Wir frühstückten gemeinsam in meinem Lieblingsrestaurant, faulenzten stundenlang unter einem Sonnenschirm und er passte auf meine Sachen auf, während ich zur Abkühlung im Meer war. Kam ich nach ein paar Minuten zurück, freute er sich riesig.

Anstatt zu grübeln, wie mein Leben aussehen sollte, lebte und genoss ich es in vollen Zügen! So leicht und gut hatte ich mich schon sehr lange nicht mehr gefühlt. Bis zu unserem Abschied.

Weil ich nach kurzer Recherche zu dem Schluss gekommen war, es sei viel zu kompliziert, einen Hund von Indien nach Hamburg zu holen, ging für mich eine Urlaubsliebe – sehr schmerzlich – zu Ende. Für meinen kleinen Freund brach aber eine Welt zusammen, als sein Mensch plötzlich verschwunden war. Er vertraute darauf, dass die Freundschaft zwischen Hund und Mensch ein Leben lang hält. Und damit hatte er natürlich recht.

Nur brauchte ich zu Hause einige Zeit und etwas Nachhilfe von meinen Menschen, bis ich endlich einsah: Ich würde es ewig bereuen, wenn ich nicht zumindest versuchte, meinen kleinen Freund zu mir zu holen. Dort, wo er war, würde ihm ganz sicher kein langes Leben beschieden sein. Und ich fand tatsächlich einen Weg, Jacob – so nannte ich ihn jetzt – in Indien unterzubringen, ihn medizinisch betreuen zu lassen, viele Formalitäten zu regeln und ihn schließlich wohlbehalten zu mir nach Deutschland zu bringen. Für mich war dies keine leichte Zeit, aber immerhin vergaß ich darüber meine Midlife-Crisis.

Als die Hundebox schließlich im Frankfurter Flughafen auf einem Rollband erschien, hatten wir es geschafft und durften endlich unser gemeinsames Leben beginnen. Aber zu Hause warteten ganz neue Herausforderungen auf uns beide. Jacob hatte ja bisher nur das Leben eines Streuners gekannt, der sich selbst um seine Existenz kümmern musste. Was seine kulinarische und medizinische Versorgung anging, begann für ihn jetzt natürlich ein sehr privilegiertes Leben.

Allerdings verlor fast alles, was er bisher an seinem Strand gelernt hatte, in der Großstadt über Nacht seine Gültigkeit. Deshalb war ich überrascht, als er nicht so verschüchtert wie erwartet war und nicht nur an meinem Rockzipfel hing. Im Gegenteil, vom ersten Tag an zeigte sich Jacob äußerst selbstbewusst, um nicht zu sagen: dickköpfig.

Mein Job war es nun, ihm beizubringen, was er für sein neues Leben brauchte. Und er hatte eine Menge zu lernen!

Können Sie sich vorstellen, wie das ist, sich plötzlich in einer völlig fremden Welt wiederzufinden? In der es immer genug zu essen gibt? (Auch wenn so feine Dinge wie Pizza oder Pakoras aus unerfindlichen Gründen nicht mehr auf meinem Speiseplan standen.) Ich verstand schnell, dass ich hier sicher war, und ich fühlte mich bald viel kräftiger und gesünder. Die Kälte und der Regen nervten allerdings etwas.

Aber natürlich konnte ich mich jetzt nicht nur mit meiner neuen Umgebung beschäftigen. Denn ich hatte ja eine wichtige Aufgabe: Da war schließlich mein neuer Mensch, um den ich mich zu kümmern hatte. Zwar wirkte er nicht mehr so unzufrieden wie damals am Strand, aber ich stellte schnell fest, dass er nicht allzu viel Talent zum Glücklichsein hatte. Er machte sich das Leben oft so richtig schwer und merkte das nicht einmal! Und ziemlich dickköpfig war er auch.

Er hatte noch viel zu lernen über das Leben und das Glück. Aber dafür war ich ja jetzt da.

1. KAPITEL

KANN TUN UNS GLÜCKLICHER MACHEN?

GLÜCK IST WIE PIZZA

Sag mal, ist es für euch echt so eine dolle Sache, glücklich zu sein?

Jacobs Kopf erschien hinter dem kleinen Mauervorsprung, wo sein Dienstkörbchen lag. Dort verbrachte er seine Zeit in meiner Coachingpraxis, während ich mit Klienten sprach. Unser Deal war: Er durfte Besucher begrüßen, musste sich dann aber zurückziehen und mir das Feld überlassen.

Jetzt hatte ich mich gerade von jemandem verabschiedet, und Jacob nutzte die Gelegenheit zu einem Schwatz. Er setzte sich vor mich, und sein Stirnfell legte sich in kleine Falten. Ein Zeichen dafür, dass er sich mit einer Frage intensiv beschäftigte und Redebedarf hatte.

Wie kommst du denn darauf?

Na ja, die Leute erzählen dir, wie unzufrieden sie sind mit ihrem Leben. Mit ihren Jobs und ihren Menschen und wie öde alles ist. Oder sie sich selbst nicht so gern mögen … Du weißt schon.

Deshalb kommen Menschen schließlich zu mir.

Und wenn ich das richtig kapiere, möchtet ihr doch eigentlich alle glücklich sein und zufrieden leben, oder? Wie jedes halbwegs entwickelte Lebewesen?

Ich denke schon. So ungefähr hat es schon Buddha formuliert, und der war in Glücksfragen ja ziemlich kompetent.

Butter?

Jacob sah mich mit schräg gestelltem Kopf und leicht gehobenen Schlappohren an, wie er es immer macht, wenn er etwas nicht versteht. (Oder so tut, als würde er etwas nicht verstehen, weil es ihm gerade in den Kram passt. Zum Beispiel, wenn ich ihn dabei erwische, wie seine Nase dem vollen Fressnapf von Camino, meinem Kater, verdächtig nahekommt.)

Buddha war ein weiser Mensch, der vor langer Zeit lebte und lehrte, dass es in der Natur aller Wesen liegt, glücklich sein und Leid vermeiden zu wollen.

Sehr klug!

Und wenn man Menschen befragt, was ihnen im Leben wichtig sei, nennen sie meistens zuerst Gesundheit und Glück.

Vernünftig. Nur ... warum handelt ihr so selten danach? Zum Beispiel der Mensch, der eben bei dir war. Der findet doch seine Arbeit ganz schrecklich, trotzdem tut er nichts, um daran etwas zu ändern. Obwohl du ihn immer wieder ermutigst, sich eine feinere Arbeit zu suchen.

Stimmt.

Oder die nette traurige Frau, die dich neulich besuchte und dir erklärte, wie wichtig ihr ihre Freizeit und Freunde und Hobby-sachen seien. Aber trotzdem arbeitet sie so viel, dass ihr gar keine Zeit für all das bleibt. Und sie ihre Freunde eigentlich nie sieht. Warum lügen die dich an?

Nein, diese Menschen lügen mich bestimmt nicht an. Wenn mir jemand erzählt, was ihm am Herzen liegt, dann glaube ich ihm das. Und die Frau ist ganz sicher verzweifelt darüber, dass ihr Leben sich nur noch um die Arbeit dreht.

Hm, ergibt das für dich etwa Sinn?

Ich versuche, es dir zu erklären. Weißt du, was ein Experiment ist?

Kann man das essen?

Leider nicht, das ist eine Art Spiel, das man mit Tieren oder Menschen spielt, um herauszubekommen, wie sie denken und funktionieren.

Toll, und?

Ich habe mal von einem interessanten Experiment gelesen: Man hat Leute gefragt, was ihnen besser gefällt: viel Arbeit und dafür viel Geld oder nicht so viel Arbeit für weniger Geld. Nach einer Weile hat man denjenigen, denen ihre Zeit wichtiger war, zwei Jobs angeboten: einen in der Nähe ihres Zuhauses und einen besser bezahlten, für den sie aber länger mit dem Auto unterwegs sein müssten.

Und?

Stell dir vor, die Mehrheit entschied sich jetzt für den Job mit mehr Geld. Dass sie dafür jeden Tag im Stau stehen müssten, wahrscheinlich gestresster wären und ihre Familien weniger sähen, hatten sie anscheinend gar nicht mehr im Sinn.

Und was findest du daran so interessant?

Dass sich Menschen oft nicht für das entscheiden, was sie zufrieden macht. Obwohl sie es eigentlich besser wissen.

Für meinen gesunden Hundeverstand klingt das wirklich ganz schön merkwürdig. Als würdest du mich wählen lassen zwischen Pizza und Trockenfutter. Und ich würde mich – logisch! – für die Pizza entscheiden. Dann aber lieber das öde Futter mampfen und mich hinterher beschweren, was für einen Fraß man mir zumutet.

Stimmt, das wäre wohl merkwürdig.

Er leckte sich die Schnauze und schaute verträumt, was wohl an der Erwähnung seiner Lieblingsspeise lag. Damals in Indien hatte ich Jacob ja immer von meinem Essen abgegeben, und das war nicht selten Pizza. Aber seitdem er bei mir in Hamburg wohnte, bekam er selbstverständlich (fast) nur noch artgerechtes Futter. Was er absolut nicht okay fand.

Du willst mir also weismachen, dass Menschen ihr Glück am Herzen liegt. Dass sie aber kaum etwas dafür tun, ist für dich ganz normal?

Es ist menschlich. Wenn wir unser Glück nicht verfolgen, kann es daran liegen, dass wir zu bequem sind oder kalte Füße haben. Manchmal denken wir wohl auch sehr kurzsichtig – zum Beispiel, wenn wir nur das Geld im Auge haben. Oder wenn wir uns ausschließlich daran orientieren, was wohl unsere Mitmenschen von uns halten mögen.

Ich darf mal zusammenfassen: Ja, ihr wollt glücklich leben. Und ihr habt auch eine Ahnung, was euch glücklich machen könnte. Aber es ist ganz selbstverständlich für euch, trotzdem das Gegenteil davon zu tun?
Also:»Ja, ich will Pizza und weiß, dass es rechts zur Pizzabude geht. Tschüs, ich geh dann mal links.«

Es mag dich wundern, aber tatsächlich ist vielen Menschen dieser Widerspruch gar nicht bewusst. Sie spüren zwar irgendwie, dass ihr Leben nicht so läuft, wie sie es gern hätten. Oder in deinen Worten: Ihnen ist bewusst, dass sie Pizza lieben und für ihr Glück brauchen. Nur fragen sie mal beim Schuster und mal im Buchladen nach Pizza und sind dann schrecklich enttäuscht, wenn sie leer ausgehen.

Und ihr wollt die Krone der Schöpfung sein?

Hab ich nie behauptet. Viele glauben übrigens sogar, dass es für sie gar keine Pizza gibt! Für ihre Mitmenschen schon, aber auf keinen Fall für sie selbst. Und andere Menschen kommen zu dem Schluss, dass der Schuster ihnen bewusst die Pizza vorenthält. Womöglich weil sie nicht liebenswert genug sind.

Das mag für dich ja alles völlig normal sein. Ich find's ganz schön schräg. Und auch ein bisschen traurig,

sprach mein Hund und verschwand in seinem Körbchen, weil es klingelte und der nächste Klient sich ankündigte. Später, während des folgenden Coachinggesprächs, vernahm ich aus seiner Ecke leises Schmatzen. Jacob träumte wohl von Pizza.

MANCHMAL MUSS MAN SPRINGEN

Darf ich dich mal was fragen?

Na klar, schieß los.

Versteh mich bitte nicht falsch. Ich bin echt richtig doll zufrieden und glücklich darüber, wie es mit uns beiden gelaufen ist und dass ich jetzt hier bei dir bin.

So vorsichtig kannte ich meinen Hund gar nicht. Eher neigte er dazu, mit der Tür ins Haus zu fallen. Um dann eventuell zu fragen, ob er reinkommen darf. Von überflüssigen Höflichkeiten wie Anklopfen ganz zu schweigen.

Das weiß ich, und ich bin auch richtig froh darüber. Und weiter?

Was ich nicht verstehe: Wir hatten doch damals an meinem Strand eine supertolle Zeit, oder?

Es war großartig!

Und wir mochten und verstanden uns auf Anhieb?

Und wie!

Aber dann hast du dich von mir verabschiedet und bist nach Hause gefahren. Und erst nach Wochen wiedergekommen, um dich um mich zu kümmern.

Ja …

Hast du denn auch ein bisschen daran gedacht, vielleicht gar nicht zurückzukommen? Und mich einfach dort zu lassen?

Darüber hatten wir tatsächlich noch nie gesprochen – obwohl Jacob diese Frage offensichtlich bis heute beschäftigte.

Weißt du, als ich damals bei dir war, habe ich mich schon erkundigt, wie man einen Hund von Indien nach Hamburg bringen kann. Und mir erschien es zuerst völlig unmöglich. Und außerdem war ich mir nicht sicher, ob es richtig wäre, dich einfach von dort mitzunehmen.

Wirklich?

Jacobs braune Augen schauten mich traurig fragend an.

Aber nachdem ich zu Hause angekommen war, habe ich sofort wieder nach Möglichkeiten gesucht und auch mit Menschen gesprochen, die sich auskannten mit solchen Dingen. Du weißt ja, dass ich von Hunden gar nichts wusste, weil ich mein Leben lang nur mit Katzen zu tun hatte.

Du kanntest doch aber mich! Reichte dir das nicht?

Mir erschien es als eine sehr große Verantwortung. Schließlich hattest du bisher immer an deinem Strand gelebt. Und ich wusste, dass dein Leben hier in der Stadt ein ganz anderes sein würde.

Das verstehe ich. Nur ist doch das Allerallerwichtigste, dass ich bei dir sein kann, oder?

Mir war es ja auch sehr wichtig, dich zu mir zu holen. Nur musste ich eben eine Menge bedenken.

Was hast du denn alles bedacht?

Ich fand heraus, dass es nach der Impfung mindestens vier Monate dauern würde, bis ich dich holen dürfte. Also brauchte ich einen Arzt, der dich impfen konnte, und einen Ort, wo du anschließend sicher sein würdest und wo man auf dich aufpasste. Außerdem suchte ich nach einem Weg, eine Blutprobe nach Deutschland zu transportieren. Das war nämlich notwendig. Und schließlich hatte ich auch noch nie eine Flugreise für einen Hund organisiert. Dabei gab es eine ganze Menge zu beachten.

Ich verstehe, dafür brauchtest du sicher sehr viel Zeit.

Jacob nickte, und seine Stimmung schien sich aufzuhellen. Ich hätte es dabei belassen können, aber das wäre nicht die ganze Wahrheit gewesen, und ich wollte ehrlich sein.

Es war nicht nur das. Ich brauchte Zeit, bis ich selbst so weit war.

Er blickte mich verständnislos an.

Damals habe ich sehr viel darüber nachgedacht, wie ein Leben sein würde mit dir und mir und Camino. Ob ich die Verantwortung für noch ein Tier übernehmen konnte und wollte. Und wie es mein Leben verändern würde – vor allem auch meine Arbeit. Ich habe viel darüber gelesen und gegrübelt, welche Probleme es geben könnte für ein Wesen aus einer anderen Kultur mit völlig anderen Lebensgewohnheiten. Und ich habe mich gefragt, ob ich mir das alles überhaupt zutraue.

Aber es ging doch nicht um irgendein Wesen, sondern um mich. *Und* dich. *Warum war es so schwierig zu entscheiden?*

Ich konnte Jacob ansehen, dass ihm viele beunruhigende Gedanken durch den Kopf gingen. Als sei meine Entscheidung für ihn nicht schon vor langer Zeit gefallen, sondern noch immer eine unsichere Sache, um die er fürchten musste.

Ich hatte große Angst, etwas Falsches zu tun. Nicht zuletzt auch falsch für dich.

Wie hätte es denn falsch sein können, auf dein Herz zu hören?

Das denke ich heute auch. Es hätte nie und nimmer falsch sein können. Aber damals war ich noch nicht so klug.

Nein?

Mir machen wichtige Entscheidungen manchmal einfach Angst. Dann drehe ich sie lieber noch mal und noch mal um und gehe immer wieder alle Für und Wider durch. Um auf gar keinen Fall die falsche Entscheidung zu treffen.

Was ist so schlimm daran, eine falsche Entscheidung zu treffen?

Gute Frage! Wenn man darüber nachdenkt, kann wahrscheinlich kaum etwas wirklich Schlimmes geschehen. Aber Ängste vernebeln uns eben oft den Blick. So wie bei dir, als du gerade in Hamburg angekommen warst. Weißt du noch? Da hattest du doch zuerst auch Angst vor vielen Dingen. Vor dem Postboten, vor Autos oder vor Menschen mit Hüten und Rucksäcken.

Stimmt. Aber dann habe ich an allem geschnuppert und es mir sehr genau angesehen, um zu entscheiden, ob ich davor Angst zu haben brauchte. Und stellte fast immer fest, dass diese Dinge ungefährlich waren. Und dass der Briefträger sogar Leckerlis für mich hatte!

So klug wie du stelle ich es leider nicht immer an, wenn ich unsicher bin.

Du schnupperst nicht an Sachen, die dich unsicher machen?

Nö. Meistens bleibe ich lieber auf Distanz, grübele ganz viel und tue nichts.

Aber du hast es damals trotzdem geschafft und dich dafür entschieden, mich zu holen!

Dabei haben mir Menschen geholfen, die mein Problem verstanden und sich um mich kümmerten.

So, wie ich mich heute um dich kümmere?

Genau. »Es bringt nichts, wenn du nur immer weiter nach dem Für und Wider suchst. Du weißt doch schon alles, was du wissen musst. Jetzt kannst du nur noch springen!« Das sagte mir ein Freund.

Sehr vernünftig.

Und ein anderer ermutigte mich: »Vielleicht geht tatsächlich etwas schief, aber dann wirst du schon eine Lösung finden, wenn es so weit ist.« Und meine Schwester meinte, dass mein indischer Hund vielleicht wirklich schlechte Erfahrungen machen würde. Aber ich hätte dann ja ein Leben lang Zeit, um es wiedergutzumachen.

Echt kluge Leute. Gut, dass die sich eingemischt haben! Sonst würde ich wohl heute noch in Indien am Strand leben. Oder wäre wahrscheinlich gar nicht mehr da.

Und ich würde mich mein Leben lang fragen, wie es wohl meinem indischen Freund ergangen ist. Und mich schämen, dass ich nicht zumindest versucht habe, ihn zu mir zu holen.

Da ist es doch viel feiner, einmal allen Mut zusammenzunehmen und zu springen. Als sich ständig zu fragen, ob man nicht hätte springen sollen. Jedenfalls bin ich echt froh, dass du damals über deinen Schatten gesprungen bist.

Oh, ich auch!

Auch wenn ich dich nicht ganz verstehe. Für Hunde gehört es zum Einmaleins des Lebens, nicht lange zu grübeln, sondern loszulegen. Würde ich etwa lange überlegen, wenn ich auf der Straße eine Wurst fände?

Nein, du würdest sie natürlich hinunterschlingen, bevor ich dich davon abhalten könnte.

Ja.

Und wenn es ein Giftköder ist? Dann kann ich sehen, wie ich dich in die Tierklinik kriege.

Mal ehrlich: Wie hoch ist die Wahrscheinlichkeit, auf einen Giftköder hereinzufallen? Sehr, sehr niedrig, oder? Aber Wurst ist immer lecker und macht immer sehr glücklich!

Da hast du nicht ganz unrecht.

Ihr Menschen vermutet viel zu oft und überall Giftköder. Und vergesst dabei, dass es doch vor allem um die Wurst geht.

Was habe ich für einen klugen Hund!

Du Glücksmensch.

ICH PINKLE, ALSO BIN ICH

Wir spazierten schon eine Weile durch den schönsten Hamburger Nieselregen. Es war kalt, düster und ausgesprochen ungemütlich. Jacob lebte erst kurze Zeit bei mir, und wir kannten unsere Gewohnheiten noch nicht so gut. Ich fror und wollte zurück nach Hause. Aber obwohl mein Hund Wasser von oben eigentlich verabscheute, bummelte er gemächlich ein Stück hinter mir her und widmete sich jedem Zaunpfahl, Baum und jeder Hecke. Alles musste intensiv beschnuppert und natürlich anschließend bepinkelt werden. Ich war ungeduldig und rief ihm zu, er möge sich doch bitte ein bisschen beeilen. Als Jacob endlich zu mir aufgeschlossen hatte, fragte er mich:

Warum markierst du eigentlich nichts? Du wohnst doch auch hier und läufst diese Wege fast jeden Tag. Wie sollen denn deine Mitmenschen wissen, dass du hier warst?

Du fragst mich ernsthaft, warum ich nicht an jeden Baum und jede Hauswand pinkele? Vielleicht weil ich ein Mensch bin? Und wir so etwas nicht sonderlich schätzen?

Dass einige Zeitgenossen (vor allem Angetrunkene männlichen Geschlechts) tatsächlich ihr Revier »markierten«, wollte ich Jacob lieber nicht erzählen. Er trottete jetzt neben mir her.

Warum machst du das denn, welchen Sinn hat diese Pinkelei?

Blöde Frage. Natürlich damit andere Hunde wissen: »*Jacob war hier.*«

Denkst du denn, die interessiert das?

Vielleicht nicht jeden. Aber das ist auch nicht der entscheidende Punkt. Ob die Leute immer hören wollen, was du ihnen erzählst, weißt du ja schließlich auch nicht. Und trotzdem ist es dir wichtig zu sagen, was du zu sagen hast, oder?

Na ja.

Und vor allem tut es gut! Wenn wir gleich nach Hause kommen (wo ich hoffentlich ein gutes Frühstück bekomme), fühle ich mich super, weil ich allen mitgeteilt habe, dass es mich gibt.

Ich pinkle, also bin ich.

Bitte?

Kleiner Scherz. Ein berühmter Philosoph hat nämlich mal gesagt: »Ich denke, also bin ich.«

Na toll, das passt zu eurer introvertierten Spezies. Meinst du nicht, es würde so manchem von euch auch mal ganz guttun?

Öffentlich zu pinkeln?

Dazu seid ihr euch ja ganz offensichtlich zu fein. Nein, ich meine, öfter mal klarzumachen: »*Ey Leute, hier bin ich!*«

Und wozu sollte das gut sein?

Klagen nicht viele deiner Besucher darüber, dass sie sich übersehen und übergangen fühlen? Und wie ungerecht sie das finden?

Das ist wahr.

»*Ich denke, also bin ich*« *klingt natürlich ganz schön schlau. Aber mal ehrlich: Ihr könnt in eurem leisen Räumchen noch so viel denken und sein – aber was habt ihr davon, wenn das keiner mitbekommt?*

Du meinst »stillen Kämmerlein«. Viele Menschen trauen sich eben nicht zu zeigen, wer sie sind und was sie denken und fühlen. Auch wenn sie sich das noch so sehr wünschen.

Obwohl das nun echt nicht so schwer ist! Hier und da ein paar Markierungen setzen, ein bisschen bellen und auch mal rein ins Getümmel, dort, wo was los ist.

Als wenn das allen Hunden so leicht fiele!

Klar, es gibt Ausnahmen. Wie Karl, den ängstlichen Mischling aus Spanien. Der traut sich nicht mal, dort hinzupinkeln, wo ein anderer gepinkelt hat. Kneift nur ständig den Schwanz ein, als wäre er am liebsten unsichtbar.

Mit dem Kleinen will ja auch keiner der Nachbarhunde etwas zu tun haben, oder?

Nee, weil der so auf Mauerblume macht. Und sich dann bei seinen Menschen darüber beschwert, dass keiner mit ihm spielen will. So läuft es im Hundeleben aber nicht. Hund muss nun mal auf andere Hunde zugehen, markieren, schnüffeln und sich beschnüffeln lassen. Auch wenn man dabei riskiert, mal angeknurrt zu werden.

Übrigens ist Jacob auch nicht immer so cool, wie er sich gern darstellt. Nicht ohne Grund: Als ich ihn kennenlernte, hatte er eine große Narbe, die von einem Hundebiss stammte. Straßen- und Strandhunde gehen nicht gerade zimperlich miteinander um. Kein Wunder, dass Jacob heute noch anderen Hunden, vor allem größeren, oft misstraut. Aber er geht ihnen selten aus dem Weg, so wie Karl das tut. Auch wenn er Angst hat, sträubt er sein kurzes Fall und knurrt prophylaktisch. Als wolle er demonstrieren, wie groß und kampfbereit er ist. Das mag etwas albern wirken. Aber Jacob wird in seiner Hundewelt respektiert.

Eine Weile lief er jetzt schweigend mit gesenktem Blick neben mir durch den Regen.

Weißt du, ich glaube, es hilft Hunden und Menschen gar nicht beim Glücklichsein, wenn sie sich unsichtbar machen. Stell dir vor, Karl würde sich trauen, auf andere Hunde zuzugehen, einfach mal mitzurennen und hier und da ein bisschen zu pinkeln – dann würde er vielleicht anfangs schräg angeguckt und auch mal angerempelt werden, aber wir würden ihn bestimmt mitspielen lassen. Dass ihn keiner mag, ist nämlich Quatsch, das bildet er sich nur ein.

Ich kenne auch einige Menschen, die meinen, man würde sie nicht mögen. Dabei sind sie es, die anderen aus dem Weg gehen. Würden sie mal über ihren Schatten springen und auf andere zugehen – sie wären bestimmt überrascht, dass man sie absolut okay findet.

Hm.

Was bei uns nur nicht so gut ankommt, sind übertrieben laute Leute. Die meinen, ständig und überall herumposaunen zu müssen:»Ich bin hier, und ich bin großartig.«

Alpha-Pinkler sind auch unter Hunden nicht gerade beliebt.

Es ist ein bisschen merkwürdig, aber viele Menschen befürchten, man könnte sie für solche lauten Egozentriker halten, würden sie sich mal aus ihrem Schneckenhaus trauen. Als gäbe es auf der Welt nur Mauerblümchen oder Alpha-Pinkler und nichts dazwischen.

So etwas Ähnliches hat Karl auch mal gesagt, als jemand zu ihm meinte, er solle nicht so auf graues Hündchen machen. »Ich bin nun mal kein Rottweiler!«, meinte er trotzig. Als müsse man ein Rottweiler sein, um auch mal den Mund aufmachen zu dürfen ...

Der Regen hatte inzwischen zwar aufgehört, trotzdem war ich froh, dass wir es gleich zu unserem Haus geschafft hatten, wo unser Frühstück wartete.

Was ist eigentlich eine Mauerblume?

Mauerblümchen nennt man Menschen, die abseits stehen und sich nicht trauen, auf sich aufmerksam zu machen.

So wie: »Ich denke, also bin ich – aber besser, das bekommt niemand mit«?

Genau.

Es macht bestimmt nicht glücklich, eine Mauerblume zu sein, oder?

Die meisten sicher nicht. Aber wenn man will, kann man lernen, aus seiner Mauernische herauszukommen.

Und ein bisschen zu pinkeln.

Möglicherweise.

DER KONJUNKTIV UND PARALLELE UNIVERSEN

Was ist das eigentlich, so ein Kon-jung-dingsda?

Wie bitte?

Na das, was du eben dem Mann erklärt hast.

Ach so, Konjunktiv. Das ist eine Art, etwas zu sagen. Ich kann im Indikativ sprechen und erkläre dann, was ich möchte, tue oder denke. Im Konjunktiv sage ich, was ich könnte oder würde. Anstatt »Ich gehe joggen« sage ich dann »Ich *würde* joggen, wenn das Wetter besser *wäre*.«

Und der Mann redet gern in diesem Konjungdingsda?

Genau. Mir fiel auf, dass er häufig erwähnte, was er alles tun könnte und würde, wenn sein Leben anders liefe und er mehr Chancen hätte und, und, und. Viele Wenns!

Was man im Konjungdingsda sagt, meint man also gar nicht wirklich?

Ja und nein. Man äußert beispielsweise einen Wunsch, aber gleichzeitig auch, dass dies unmöglich ist oder von Bedingungen abhängt, auf die man keinen Einfluss hat. Du verstehst?

So wie: »Ich würde mich über ein Stück Pizza sehr freuen«, wenn ich weiß, dass du mir sowieso keins gibst?

Kluger Hund!

Hm.

Jacob zog sich in sein Praxiskörbchen zurück, und ich bereitete mich auf meinen nächsten Klienten vor. Als wir uns abends auf den Nachhauseweg machten, meinte mein Hund ganz aufgeregt:

Ist dir mal aufgefallen, wie oft Menschen konjunktive Sachen sagen?

Dir ist es offensichtlich aufgefallen?

Und wie! Nachdem du es mir erklärt hast, habe ich darauf geachtet. Es ist unglaublich! Jemand erzählt und erzählt, was er alles denkt und sich wünscht und tun will – aber wenn man davon die Konjungdingsdas abzieht, bleibt fast nichts übrig.

Gut beobachtet.

Jacob schüttelte im Gehen seinen Kopf und schaute dabei missbilligend.

Dieses Dingsda ist so ’ne typische Menschenerfindung! Kein Hund kommt auf so eine Idee. »*Ich würde in dem Gebüsch dort nach Essbarem suchen, wenn ...*« Nein, ich tue das!

Tust du nicht!

Aber ich würde, wenn ich dürfte und dein Kontrollzwang nicht so ausgeprägt wäre!

Jetzt sprichst du auch im Konjunktiv.

Ach.

Von wegen »Kein Hund kommt auf die Idee ...«

Weil du mich nicht lässt!

Genau.

Dann hat der Konjungdingsda auch damit zu tun, dass man nicht darf, was man gern tun möchte?

Manchmal dürfen wir wirklich nicht. So wie du absolut keinen Müll fressen darfst, wenn ich das verhindern kann.

Versuch's doch,

brummelte mein Hund leise herausfordernd, was ich lieber überhörte.

Aber meistens reden wir uns das nur ein und behaupten, wir könnten oder dürften eben nicht, wie wir gern würden.

Und das stimmt gar nicht?

Bei Licht betrachtet, stimmt das häufig wirklich nicht.

Aber warum lügt mensch denn im Dunkeln?

Ich überlegte, wie ich es Jacob am besten erklären konnte.

31

Siehst du den großen schwarzen Hund da vorn?

Klar.

Der macht dir ein bisschen Angst, oder?

Hm.

Jetzt stell dir vor, du würdest mir sagen: »Lass uns umkehren. Ich *würde* ja gern noch weiter mit dir spazieren gehen, aber ich möchte die Hundeserie im Ersten nicht verpassen.« In Wirklichkeit willst du aber nur dem Hund nicht begegnen.

Na ja, die Hundeserie ist schon echt toll ...

Dann müsstest du nämlich dir und mir gegenüber nicht eingestehen, dass du in Wirklichkeit Angst hast.

Und deshalb benutzen Menschen so gern Konjungdingsdas, weil sie Angst haben und das nur nicht zugeben wollen?

Ich glaube, ja.

So wie der Mann vorhin sagte, er würde von seinem Chef eine Gehaltserhöhung fordern, die sich gewaschen hat – warum auch immer man eine Gehaltserhöhung waschen muss –, das aber lieber nicht tue, weil die Geschäftslage mies sei und er sonst bestimmt seinen Job verlieren würde?

Dabei hat er wahrscheinlich nur große Angst vor seinem Chef und befürchtet, dass der Nein sagt und er selbst dann blöd dasteht.

Oder die Frau, die dir neulich erzählte, sie würde für ihr Leben gern mal ganz lange Urlaub machen und durch Asien reisen, und davon schwärmte, wie fein das wäre?

Dann aber behauptete, ihre Firma würde das niemals genehmigen. Ich glaube, in Wirklichkeit fürchtet sie sich davor, alleine so weit zu reisen, aber will es sich nicht eingestehen. Da ist so ein Konjunktiv sehr praktisch. Man würde ja gern, aber die Umstände ... Dabei wäre die ehrliche Version:»Ich habe kalte Füße!«

Wir liefen eine Weile schweigend nebeneinander durch die Dunkelheit.

Das ist wie die Sache mit den parallelen Universen, oder?

Ich kann dir nicht ganz folgen?

Wir haben doch vor 'ner Weile diese erstaunliche Doku gesehen. Darüber, dass es möglicherweise unendlich viele parallele Universen gibt. Und aus Star Trek *kennt man das ja schließlich auch.*

Ja?

Du bist mal wieder echt schwer von Begriff. Ich erklär's dir: In diesem sehr feinen Universum haben wir beide uns getroffen. Und ich habe dich adoptiert, sodass wir hier miteinander spazieren gehen können.

Zweifellos.

Aber in einem anderen, viel weniger feinen Universum, haben wir uns zwar getroffen, aber dann hast du mich nicht zu dir geholt. In jenem parallelen Universum lebe ich also immer noch an meinem Strand und du ohne Hund.

Fas-zi-nie-rend!

Ich versuchte, wie Mr. Spock zu klingen.

Dieser andere Jacob ist bestimmt sehr traurig und denkt ganz oft daran, wie es wohl wäre, wenn sein Urlaubsfreund Tom ihn mitgenommen hätte. Was für ein Leben er dann hätte und wie es wäre, ein Hamburger Stadthund zu sein.

Das wäre wirklich traurig.

Das Konjundingsda ist also wie ein paralleles Universum.
Du verstehst?

Äh?

Ich verstand nicht und fühlte mich in Sachen Astrophysik von meinem Hund abgehängt.

Na, ist doch total klar: Wenn Menschen so oft betonen, was alles sein könnte, wenn die Dinge anders wären, als sie sind – dann denken sie doch an eine andere, parallele Welt, oder?

Ach so ... Das könnte man wohl so sehen.

Meistens ist diese andere Welt wohl eine schönere als die, in der die Menschen leben.

Ich glaube, ja.

Es wäre für den anderen Jacob in dem anderen Universum echt schade, wenn er sein Leben dort nicht genießen könnte. Weil er einem anderen Leben nachtrauert, das er nicht haben kann.

Er blieb stehen, und ich konnte seinen traurigen Blick in der Dunkelheit nur schemenhaft erkennen. Der Parallel-Jacob war wirklich zu bedauern. Aber was konnten wir für ihn tun? Da strahlte mich Jacob – der aus meinem Universum – plötzlich an:

Was für ein Unsinn! Dem anderen Jacob ginge es bestimmt auch in seinem Universum sehr gut. Denn welcher intelligente Hund würde sich schon durch so blöde Gedanken an andere Universen die Laune verderben lassen?

Du meinst: Wie wir unintelligenten Menschen?

Exakt.

Vielen Dank.

Kurze Zeit später hatten wir es nach Hause geschafft, und Jacob schob seine große schwarze Nase über die Tischkante in Richtung meines Abendessens, nachdem er seines schon heruntergeschlungen hatte.

Es wäre doch wunderschön, wenn ich etwas von deinem Käsebrot abbekäme. Und mir dann den Hundefilm im Ersten auf deinem sehr bequemen Sessel anschauen dürfte.

Das wäre wirklich sehr, sehr schön. Findet aber leider in einem anderen Universum statt.

MACHT BEQUEM GLÜCKLICH?

Wieso wohnt denn in einem Anfang ein Zauberer? Das ergibt doch überhaupt keinen Sinn!

Jedem Anfang wohnt ein Zauber inne. Nicht Zauberer.

Und was soll das bedeuten? Dass man verzaubert wird, wenn man etwas anfängt?

Schon nach der ersten Strophe von Hermann Hesses Gedicht *Stufen* unterbrach mich Jacob. Es mag vielleicht ungewöhnlich scheinen, dass sich ein Hund Gedichte anhört, aber da Jacob Analphabet ist, gefiel es ihm, sich von mir etwas vorlesen zu lassen. Längere Texte wie Romane scheiterten an seiner eher kurzen Aufmerksamkeitsspanne. Kurzgeschichten, natürlich vor allem, wenn sie von Hunden handelten, waren eher Jacobs Ding. Als ich vor Kurzem in einem Band mit Rilke-Gedichten las, verlangte Jacob – er durfte am Nachmittag noch nicht fernsehen –, daran teilzuhaben. Zu meinem Erstaunen gefiel es ihm. Davon beflügelt, versuchte ich es heute also mit Hesse.

Das bedeutet, dass es sich sehr gut anfühlt, wenn wir etwas Neues beginnen und das Alte hinter uns lassen.

Ach so. Verstehe. Dann hätte man doch aber auch schreiben können: »Aufbrechen ist super.« Das wäre leichter zu verstehen.

Stimmt. Es hätte nur nicht so schön geklungen, oder?

Jacob nickte zustimmend. Und schaute dabei so interessiert im Park umher, dass ich mich entschied, die Lesung hier zu beenden. Wir waren heute ausgesprochen faul. Anstatt unsere große Runde bis zur Elbe zu laufen, hatten wir es trotz guten Wetters nur bis zum kleinen Park geschafft. Hier saßen wir nun schon eine Weile. Ich auf einer Bank mit Hesse auf dem Schoß und mein Hund neben mir im Gras. Zufrieden und ohne Impuls, unseren Spaziergang fortzusetzen.

Guck mal, Charly dort drüben. Ich würde mal tippen, der hat mindestens zwei Kilo zu viel auf den Hüften. Den dicken Dackel hab ich schon lange nicht mehr rennen gesehen!

Warum sollte er rennen? Sein Mensch hat ja auch nicht gerade die Form und Geschwindigkeit eines Marathonläufers.

Die brauchen in dem Tempo mindestens 'ne halbe Stunde, bis sie es einmal um unseren Park geschafft haben. Einsamer Rekord! Wir brauchen höchstens fünf Minuten.

(Dass wir beiden Lästermäuler auch nicht gerade unser Idealgewicht hielten, lassen wir hier mal unerwähnt.)

Immerhin bekommt Charly unterwegs jede Menge Leckerlis. Ich nicht!

Deshalb hast du auch nicht Charlys Figur.

Hm. Die beiden wirken echt zufrieden auf ihre behäbige Art, finde ich.

Stimmt. Sie verstehen es, ihr Leben bequem einzurichten.

Es ist ja auch fein, es bequem zu haben. Ich weiß mein komfortables Schlafkissen sehr zu schätzen! Und auf deinem Lieblingssessel sitzt es sich auch recht angenehm. Nur macht uns das auf Dauer wirklich glücklich?

Woher weißt du, bitte schön, wie angenehm mein Sessel ist?

Mein Sitzmöbel gehörte zu den wenigen Orten, die für Jacob tabu waren, weil seine kurzen weißen Haare auf dem dunkelgrauen Stoff nicht gerade dekorativ aussahen.

Nur so 'ne Annahme ...

Na ja, glücklich? In meinem Sessel kann ich zwar stundenlang sitzen, ohne Rückenschmerzen zu bekommen. Schöne Sache. Aber zum Glücklichsein reicht mir das nun wirklich nicht aus. Im Gegenteil: Zu viel Bequemlichkeit macht eher schwer und faul, finde ich.

Menschen haben es trotzdem gerne bequem, oder?

Oh ja! Sobald unsere Existenz halbwegs gesichert ist, denkt meine Spezies sofort daran, wie man sich das Leben möglichst bequem gestaltet. Ich habe den Eindruck, manche Menschen richten ihr ganzes Leben danach aus. Die Wohnung, das Auto, den Job – selbst Urlaub und Freizeit sollen vor allem schön bequem sein.

Was aber nicht bedeutet, dass ihr Leben auch schön glücklich ist?

Nicht unbedingt.

Wir beobachteten Charly und seinen Menschen, wie sie gemütlich dahinschaukelten.

Erinnerst du dich an die Doku, die wir neulich gesehen haben? Über unsere Ahnen und wie sie zueinandergefunden haben?

Wie Hunde zu den Menschen kamen?

Genau. Ihr wart doch früher Nomaden. Und meine Vorfahren, die Wölfe, folgten euch, weil ihr so leckere Sachen zu fressen hattet.

Und irgendwann wurden die Menschen sesshaft, und die Wölfe beziehungsweise Hunde entschieden sich, bei ihnen zu bleiben.

Weil es viel bequemer war, als den ganzen Tag in der Gegend herumzulaufen und zu jagen.

Ich hätte auch keine Lust, ständig mein Zelt – oder was die damals hatten – auf- und abzubauen. Und durch Wind und Wetter latschen zu müssen.

Obwohl wir beide doch auch sehr gern wandern!

Hm.

Wenn wir lange nicht unterwegs waren, wirst du ganz unruhig.

Stimmt. Es gibt nichts Schöneres, als den Rucksack zu packen, die Haustür abzuschließen und aufzubrechen.

Und abends irgendwo anzukommen, wo es so richtig gemütlich ist.

Um morgens wieder loszugehen und noch nicht zu wissen, wo man am Ende des Tages ankommen wird. Uns beiden steckt das Nomadenhafte unserer Ahnen anscheinend noch im Blut.

Das Fressen schmeckt ja auch viel besser, wenn man lange unterwegs war.

Nach ein paar Wandertagen finde ich es dann auch wieder ganz okay, sesshaft zu sein.

Sehr okay!

Unser Park war jetzt menschen- und hundeleer. Charly und

sein Mensch waren wohl inzwischen zu Hause und freuten sich vielleicht darüber, es schön behaglich zu haben. Mir war zwar etwas kühl, aber noch mochte ich nicht aufbrechen.

Meinst du, die Menschen haben vergessen, dass in jedem Aufbruch ein Zauberer wohnt?

Kann schon sein. Viele machen zwar Sport und Aktivurlaub – aber mal wirklich aufbrechen und den Alltag hinter sich lassen? Das tun wohl nur wenige.

Sie hängen lieber unter Palmen ab. Wie an meinem Strand.

Vielleicht liegt das daran, dass so viele Leute erschöpft und gestresst sind. Und wenn sie sich das Glück vorstellen, dann als ein Paradies mit Strand, Sonne und Cocktailbar. Nur wenn sie dann dort sind, wissen sie gar nicht umzugehen mit so viel Nichtstun.

Am glücklichsten bin ich ja auch, wenn ich rennen darf und mit meinen Kumpels spiele oder mit dir an der Elbe laufe.

Ach, etwa nicht, wenn du etwas zu essen bekommst oder deine Lieblingsserie schaust?

Natürlich ist essen super und meine Serie auch. Aber wenn ich ganz ehrlich bin ...

... macht Aktivität glücklicher, oder?

Hm.

Genau das haben Glücksforscher auch herausgefunden. Aber die meisten Menschen verbringen ihre Freizeit lieber auf der Couch und wundern sich, dass sie nicht so zufrieden sind, wie sie es gern wären.

Weil sie meinen, dass Bequemlichkeit glücklich macht?

Ja.

Dann lass uns jetzt mal nach Hause gehen, etwas Feines fressen und uns dann schön vor den Fernseher hauen und meine Serie schauen. Aktiv glücklich können wir ja morgen wieder sein.

Prima, heute lieber bequem glücklich.

DAS LEBEN IST KEINE GENERALPROBE

Wieso steht denn da 'ne Kerze vor dem Bild?

Das ist ein Foto von Paula. Heute vor sieben Jahren ist sie gestorben.

Ach so. Dann habe ich sie nie kennengelernt?

Leider nicht. Ihr hättet euch bestimmt gut verstanden.

Schade.

Hm.

Paula war noch jung, als sie starb, oder?

Ja, Anfang vierzig. Dann kam der Krebs, und alles ging sehr schnell. Sie wollte noch so viel erleben …

Das ist sehr traurig.

Wir standen vor dem Foto und schauten eine Weile schweigend in die rosa Kerze davor – Paulas Lieblingsfarbe.

Was wollte Paula denn noch alles erleben?

Sie hat im Krankenhaus eine Liste geschrieben, »Bucket List« hat sie sie genannt. Da standen zum Beispiel Reisen drauf. Und sie wollte Fotografieren lernen und mit mir den Jakobsweg gehen. Und eine Oper am Elbstrand hören.

Meinst du, Paula hätte all das vorher getan, wenn sie gewusst hätte, dass sie so schlimm krank wird?

Ich glaube schon. Aber das ist schwer zu sagen. Wir wissen ja alle, dass es uns früher oder später erwischt. Und tun wir tatsächlich alles das, was uns wichtig ist? Rechtzeitig?

Na klar! Ich tue jeden Tag alles Wichtige, was ich nur tun kann.

Stimmt, Hunde verschieben wirklich nichts, was sie glücklich machen könnte.

Aber ihr verschiebt ziemlich viel, oder?

Hm.

Obwohl ihr vielleicht weniger Zeit habt, als ihr glaubt – so wie Paula.

Es gibt ein sehr schönes Gedicht, das heißt *Wenn ich noch einmal leben könnte.* Darin zählt der Dichter auf, was er tun würde, wenn er nicht schon kurz vor seinem Tod stünde.

Und was würde er tun?

Er schreibt, dass er sich mehr entspannen würde und nicht mehr versuchen, so perfekt zu sein. Er würde verrückter leben und in Flüssen schwimmen, sich mehr Sonnenuntergänge anschauen und den ganzen Sommer barfuß laufen. Viele solche Sachen.

Die ja gar nicht so schwierig zu machen sind, oder?

Eigentlich nicht.

Merkwürdig …

Jacob war seine Ratlosigkeit anzusehen. Was ich ihm erzählte, konnte er nicht verstehen. Weil es Hunden ganz fremd ist, etwas, das ihnen am Herzen liegt, nicht sofort zu erledigen. Aber ich konnte leider sehr gut nachempfinden, was der Dichter schrieb.

Weißt du, ich hatte früher das Gefühl, mein Leben hätte noch gar nicht wirklich angefangen. Das wurde mir erst Mitte zwanzig bewusst und hat mich sehr erschreckt.

Wie kann das denn sein? Dein Leben hat doch mit deiner Geburt angefangen. Würde es erst morgen beginnen, wärst du doch heute noch gar nicht da!

Jacob freute sich über seinen scharfsinnigen Gedanken.

Du hast recht, das ist absurd. Und deshalb vielleicht so menschlich. Ich habe damals viel darüber nachgedacht, wer ich bin und wie ich leben will. Mir kamen dazu auch einige Antworten. Aber ich konnte – oder wollte – mich für keine Antwort entscheiden.

Das verstehe ich nicht.

Ich habe mein Leben empfunden wie eine Generalprobe. Als ginge es noch um gar nichts, als würde ich noch üben. Wie ich heute manchmal für einen Vortrag übe und ihn dir erzähle.

Du hast Leben geübt?

Natürlich nicht wirklich. Aber ich habe es mir wohl eingeredet. Und mich deshalb nicht angestrengt und für nichts richtig eingesetzt. Nicht für einen Job, nicht für mein Hobby, das Musikmachen, und auch nicht für meine Menschen. Ich habe darüber gegrübelt, wie es wohl wäre, wenn ich mich entscheiden und reinhängen, viel Geld verdienen, den richtigen Job haben und den richtigen Menschen treffen würde ...

Du hast nur davon geträumt?

Ja, das kann man so sagen. Ich hab vom Leben geträumt und mir eingeredet, das eigentliche Leben würde noch kommen. Morgen oder nächstes Jahr.

Stell dir vor, ein Unglück wäre geschehen und du wärst so jung gestorben wie Paula. Dann hättest du gar nicht richtig gelebt.

Schrecklicher Gedanke!

Aber heute lebst du doch richtig, oder? Keine Generalprobe mehr?

Jacobs Blick verriet einen sorgenvollen Gedanken.

Keine Angst, das hier ist mein und unser richtiges Leben und zum Glück schon lange keine Generalprobe mehr.

Verstehst du denn heute, warum du damals so merkwürdig gedacht hast?

Ich glaube, ich hatte große Angst vor dem Leben. Dem Leben eines Erwachsenen. Es erschien mir irgendwie bedrohlich. Vielleicht weil man dann viel Verantwortung hat. Und weil es so schlimme Konsequenzen haben kann, wenn man sich falsch entscheidet. Oder scheitert.

So wahnsinnig gefährlich erscheint mir dein Leben eigentlich nicht.

Nee. So schlimm ist Erwachsensein ja auch gar nicht. Aber damals, fast noch ein Jugendlicher, sah ich es mit anderen Augen. Angstvollen Augen eben.

Sehr merkwürdig.

Erinnerst du dich an den Flugsimulator im Computer, den ich dir neulich vorgeführt habe?

Klar.

So ungefähr habe ich mich in meinem Leben gefühlt. Wie im Simulator, in dem man noch üben kann. Und wenn man mal eine Bruchlandung hinlegt, hat es keine negativen Konsequenzen, dann fängt man einfach noch mal von vorne an.

Aber ich fand diesen Simudingsda total öde. Weil er nur auf dem kleinen Monitor lief. Und ganz flach war. Fliegen in einem richtigen Flugzeug ganz hoch in der Luft und aus dem Fenster gucken zu können, stelle ich mir viel, viel toller vor!

Genau darin besteht das Problem, wenn man wie im Simulator lebt. Es fühlt sich nicht so toll an wie das echte Leben. Aber wenn man Angst davor hat, dann gibt man sich damit zufrieden.

Dann gibt man sich aber mit viel zu wenig zufrieden! Und lebt ein Leben, das in Wirklichkeit gar nicht das richtige Leben ist.

Tja.

Wenn man dann krank wird oder sehr alt ist und bald sterben muss, und einem dann bewusst wird, dass man sein Leben gar nicht richtig gelebt hat. Auwei!

Das muss schrecklich sein.

Davon schreibt der Dichter?

Genau davon schreibt er.

Jacob betrachtete wieder das Foto von Paula.

Kennst du denn Menschen, die auch noch darauf warten, ihr richtiges Leben zu leben?

Ich fürchte, ja.

Sind die so jung, wie du damals warst?

Eher schon älter. Sie glauben, ihr Leben fängt erst mit der richtigen Frau oder dem richtigen Mann an. Oder der eigenen Familie. Oder wenn sie erst Chef sind. Oder endlich in Rente gehen können und ganz viel Zeit haben.

Als ich noch ein Welpe war, habe ich auch manchmal daran gedacht, wie toll es sein wird, wenn ich erst meinen Menschen getroffen habe. Trotzdem habe ich mein Leben so gut wie möglich genossen.

Hunde sind in dieser Hinsicht eben deutlich klüger als meine Spezies.

Als wir später zusammen *Tagesschau* guckten, drehte sich Jacob plötzlich zu mir um und meinte:

Stell dir vor, die würden jetzt verkünden: »Tut uns echt total leid, aber übermorgen geht die Welt unter.« Weil zum Beispiel so ein Asterostein runterkommt oder so. Was würdest du tun?

Gar nicht leicht … Morgens würde ich mit dir einen richtig tollen Spaziergang machen. Und dann unsere Lieblingsmenschen besuchen. Ganz viel mit dir kuscheln. Vielleicht etwas Klavier spielen und dazu singen. Und natürlich würden wir beide sehr viel Pizza essen.

Guter Plan! Lass uns all das morgen tun! Denn wer weiß …

Stimmt, wer weiß …

Auch wenn die Apokalypse nicht unmittelbar bevorstehen sollte – man möchte doch auf keinen Fall riskieren, eines Tages zu bereuen, zu selten Pizza mit seinem Hund gegessen zu haben, oder?

Anmerkung von Tom:
ZUR HÖLLE, TU ES!

Indien kann – für einen entspannten Reisenden mit viel Zeit – wunderschön sein. Jemanden, der erwartet, dass die Dinge stets genauso laufen, wie er sie plant und erwartet, wird das Land allerdings in den sicheren Wahnsinn treiben. Mir hat es auf meinen Reisen immer eine Menge Respekt eingeflößt, wie es die Menschen dort schaffen, mit einem Lächeln und Schulterzucken das allgegenwärtige Chaos zu managen. Inder sind ganz sicher Weltmeister in Sachen Flexibilität und Improvisation!

Als ich dann aber versuchte, per Mail und Telefon einen Weg zu finden, Jacob in seiner Heimat für vier Monate unterzubringen und versorgen zu lassen, kam ich mit dem indischen Laissez-faire nicht mehr ganz so gut klar. Obwohl ich es hätte besser wissen sollen, verlangte ich nach eindeutigen, verbindlichen Antworten. Die ich natürlich nicht bekam. Für meine Entscheidung, das Projekt »Jacob-nach-Hamburg-Holen« zu starten oder doch lieber aufzugeben, wollte ich aber partout einen möglichst wasserdichten Plan.

Langsam dämmerte mir, dass Flexibilität und Improvisation nicht so sehr mein Ding waren. Eher verdiente ich wohl den Titel des Meisters im Planen, Zögern und Alles-kontrollieren-Wollen. Der meist erst dann aktiv wurde, wenn er genau wusste, wie etwas funktionierte, und möglichst alle Risiken bedacht waren. Und der immer einen Plan B brauchte. Mindestens.

Daran war übrigens schon einmal – lange vor Jacob – mein Wunsch gescheitert, einen Hund zu adoptieren. Ich hatte die Idee gründlich zergrübelt und schließlich verworfen, weil ich fürchtete, er könnte mein Leben zu sehr verändern und womöglich nicht kompatibel mit Arbeit und Alltag sein. Jetzt fand ich mich also in einem ähnlichen Dilemma wieder.

Die göttliche Cher – jene Sängerin mit dem unbestimmbaren Alter – sagte einst bei einem Konzert ungefähr Folgendes:

»Ich war immer ein schlimmes Mädchen. Aber heute denke ich, ich hätte ruhig noch etwas schlimmer sein können. Wenn du dich nicht entscheiden kannst, ob du etwas tun sollst oder nicht – zur Hölle damit, tu es! Du kannst später immer noch zurückschauen und sagen ›Ich hätt's lieber nicht machen sollen.‹ Mein Rat an euch: Tut es!«

Wollte ich wirklich das Risiko eingehen, eines Tages zurückzuschauen und mir eingestehen zu müssen: »Hätte ich es doch bloß versucht!« Diese Frage, gestellt von Freunden, ließ mich schließlich über meinen Schatten springen und die Risiken und Unwägbarkeiten in Kauf nehmen.

Wenn ich heute daran denke, muss ich über mich selbst schmunzeln. Denn ich reagierte damals wie so viele Menschen, denen ich als Psychologe zur Seite stehe: Angesichts einer unbekannten Situation oder schwierigen Frage geraten wir unter mentalen Druck und sehen dann nur noch Gefahren und Risiken. Und dieses Kind hat einen Namen: Stress.

Wie Sie vielleicht wissen, zeigen alle gestressten höheren Lebewesen eine von drei reflexhaften Reaktionen: Kämpfen, Fliehen oder Totstellen. Dass ich kein Stress-Kämpfer-Typ bin, haben Sie sich wahrscheinlich schon gedacht.

Das wirklich Schlimme am Stress sind nicht Schweißflecken oder abgekaute Fingernägel, sondern ist der Tunnelblick. Je höher unser Stresslevel, desto enger wird nämlich unsere Wahrnehmung. Und irgendwann starren wir nur noch auf das, was uns Angst macht, wie das berühmte Kaninchen auf die Schlange. Was die Sache natürlich nicht gerade leichter macht. Weil wir Menschen aber generell sehr ungern – vor uns selbst und anderen – als feige dastehen, nutzen wir, was man »Rationalisierung« nennt: Wir erfinden irgendwelche halbwegs vernünftig klingende Gründe für unser in Wirklichkeit stressmotiviertes Verhalten. »Ich klammere mich nicht etwa so verkrampft an den Beckenrand, weil ich Angst vor dem Schwimmen habe, sondern weil das Wasser hier so besonders angenehm ist.«

Irgendwann musste ich einsehen, dass meine Zweifel und Bedenken vor allem genau das waren: Rationalisierungen. Und ich war gerade wieder dabei, das Sich-am-Beckenrand-Festhalten zu perfektionieren, anstatt mich abzustoßen, Schwimmbewegungen zu machen und darauf zu vertrauen, dass das Wasser mich schon irgendwie tragen wird.

Jacob würde heute ganz sicher nicht als mein allerbester Freund bei mir in Hamburg leben, wenn ich damals nicht meine Bedenken über Bord geworfen und mir gesagt hätte: »Zur Hölle, Tom, tu es!«

WENN WIR UNS TRAUEN, AUCH MAL INS UNBEKANNTE ZU SPRINGEN, KÖNNEN WIR UNS DABEI EIN BEIN BRECHEN. ABER WIR ERHÖHEN DAMIT AUCH DIE WAHRSCHEINLICHKEIT, IN EINEM BESSEREN LEBEN ZU LANDEN.

2. KAPITEL

WARUM STEHEN WIR UNSEREM GLÜCK SELBST IM WEG?

GANZ SCHÖN SCHLIMM HIER!

Findest du es eigentlich sehr schlimm hier?

Wie bitte? Warum sollte ich diesen schönen Platz schlimm finden? Vor allem, wenn in Hamburg mal die Sonne scheint?

Inzwischen wohnte Jacob seit einiger Zeit bei mir und hatte sich schon gut eingelebt. Gerade genossen wir das schöne Sommerwetter auf einem leicht schaukelnden Fähranleger und beobachteten den emsigen Verkehr auf der Elbe. Jacob widmete sich dabei einer Kaustange und ich mich meinem Eis. Das Leben hätte also deutlich unangenehmer sein können. Umso mehr wunderte mich die Frage meines Hundes.

Weißt du noch, was du mir damals am Strand erzählt hast, als wir uns kennenlernten?

Ich hab dir damals wohl eine ganze Menge erzählt ...

Du hast darüber geklagt, dass dein Leben nicht in Ordnung sei und langweilig und gar nicht fein. Dass es so nicht weiterginge und du unbedingt etwas ändern müsstest.

Oh ja. Daran habe ich tatsächlich schon lange nicht mehr gedacht. Das ist doch ein gutes Zeichen, oder?

Klar.

Und?

Damals am Strand habe ich mich auch bei anderen Leuten umgehört, die dort zu Besuch waren. Um rauszukriegen, ob du ein besonders unzufriedenes Exemplar Mensch warst.

Du wolltest wissen, ob dein neuer Freund besonders verwackelt war? Das kann ich gut verstehen.

Na ja, ich hatte mich schließlich nie so intensiv mit dem Homo sapiens beschäftigt. Mir schien, dass die indischen Menschen im Großen und Ganzen recht zufrieden waren mit ihrem Leben. Aber die Besuchermenschen ... Das war wirklich erschütternd! Was die sich gegenseitig erzählten, klang kein bisschen lebensfroher als deine Tiraden.

Das überraschte mich leider nicht so sehr wie meinen Hund.

Zwar fanden alle meinen Strand richtig super. Aber genossen sie das Leben und hatten eine richtig gute Zeit? Nö. Viele Leute klagten über ihr Leben zu Hause. Über ihre Sorgen und wovor sie dolle Angst hatten. Dabei schauten sie sehr ernst und manchmal sogar traurig.

Tja.

All diese armen Menschen – so wie mein neuer Freund – waren ganz offensichtlich an einem sehr schlimmen Ort zu Hause. Wo es jede Menge Probleme und Ärgernisse und vor allem Gefahren und große Risiken gab. Ständig musste man dort aufpassen, dass einem nichts Schreckliches geschah. Kein Wunder, fand ich, dass die Leute hierherkamen an meinem Strand. Wo es doch – nicht für uns Hunde, aber für euch – sicher war und es eine Menge Fressen gab. Du tatest mir sehr leid, weil du zu Hause ein so schlimmes Leben führen musstest.

Und trotzdem wolltest du mich begleiten?

Gerade deshalb! Ich wollte dir doch beistehen und helfen, es an diesem Ort besser auszuhalten. Denn ich verstand ja, dass man euch immer nur für kurze Zeit an meinem Strand leben ließ. Und ihr dann zurückmusstet.

Jacob schaute schweigend nach links auf Eis leckende Menschen. Und dann betont langsam nach rechts, wo einige Liegestühle aufgestellt waren, in denen sich Leute sonnten. Natürlich ahnte ich, worauf er hinauswollte.

Schlimmer Ort! Echt grauenhaft! Kaum auszuhalten hier!

Über seinen theatralischen Auftritt musste ich lachen.

Kannst du dir vorstellen, wie überrascht ich war, als wir in deinem Zuhause ankamen? Und du mir dann deine Gegend vorstelltest? Alle Menschen, die wir trafen, sahen äußerst gesund und wohlgenährt aus. Ebenso die Hunde und Katzen. Alles war sehr sauber und ordentlich und strahlte Reichtum aus. Ich hatte mir diesen Ort wie gesagt ein kleines bisschen anders vorgestellt. Wo lauerte all das Schlimme, über das ihr geklagt hattet?

Du hast Elend erwartet und fandest dich mitten im europäischen Luxusleben wieder.

Aber weißt du, was mich noch mehr überraschte? Dass die Menschen hier überhaupt nicht glücklicher wirken als die an meinem Strand. Im Gegenteil! Kaum jemand lächelt mal. Und alle rennen so hektisch durch die Gegend. Selbst viele Hunde sehen irgendwie gestresst aus.

Jacobs Kulturschock war offensichtlich genauso heftig wie der Schock, den viele Europäer erleben, wenn sie zum ersten Mal nach Indien kommen. Sie einerseits die schreckliche Armut sehen und andererseits nicht verstehen, warum die Menschen trotzdem so zufrieden wirken. Bei Jacob war es andersrum.

Und du dachtest sofort: »Hier will ich auf gar keinen Fall bleiben«?

Nee, ist ja nicht so, dass es mir hier nicht gefällt. Ich kapier nur absolut nicht, warum ihr dieses supertolle Leben nicht mehr genießen könnt. Jeder Strandhund aus Varkala würde sich ein Loch in den Bauch freuen, wenn er so leben dürfte. Genau wie ich. Und die meisten indischen Menschen bestimmt auch.

Ein Einwanderer wie du hat wohl einen klareren Blick. Für uns ist das alles hier ja ganz alltäglich. Klar, man weiß, dass Menschen in vielen Ländern viel ärmer sind als wir. Aber hilft uns das, uns weniger Sorgen zu machen oder weniger unzufrieden zu sein?

Jacobs Blick wanderte zu den Containerbrücken auf der anderen Elbseite. Er schien eine Weile intensiv nachzudenken, bis er sich wieder mir zuwandte und meinte:

Wir Hunde an unserem Strand waren meistens sehr glücklich. Für uns war das gar nicht schwierig, auch wenn das Leben oft alles andere als leicht war. Zum Beispiel als ich damals gebissen wurde und schlimme Schmerzen hatte. Oder wenn ich nichts zu fressen hatte. Trotzdem waren meine Kumpels und ich sehr zufriedene Hunde.

Jacob schaute mir mit seinem mitfühlenden Hundeblick tief in die Augen.

Zufriedensein liegt uns wohl eher im Blut als euch?

Damit magst du recht haben.

Na, aber jetzt hast du ja mich, um dir dabei ein bisschen zu helfen. Sei nicht traurig, das kriegen wir hin. Ganz bestimmt!

Er leckte mir ermutigend über meine nackten Füße und widmete sich dann wieder zufrieden seiner Kaustange.

ÖFTER MAL RANGEHEN

Aua!

Jacob jaulte aus Leibeskräften, während er aus einem Gebüsch am Rand der Hundewiese in meine Richtung gerannt kam. Mit schmerzverzerrtem Gesichtsausdruck stand er schließlich vor mir. Was mich aber nicht sehr beunruhigte, da mir seine Neigung zur Wehleidigkeit längst vertraut war.

Ein Dorn! Ich habe einen Dorn in der Nase! Es tut schrecklich weh! Mach was, mach was!

Wie hast du denn den in deine Nase bekommen?

Ich zog den wirklich winzigen Dorn heraus, und Jacob jaulte noch einmal theatralisch auf. Denn schließlich hatten wir inzwischen die Aufmerksamkeit sämtlicher Hunde und mitleidig schauender Menschen um uns herum. Und das verlangte natürlich nach einem ordentlichen Schuss Dramatik. Da es aber offensichtlich nicht um Leben und Tod ging, waren wir schnell wieder unbeobachtet, und Jacob erklärte:

Es roch so fein aus dem Gebüsch dort hinten. Und dem bin ich selbstverständlich nachgegangen.

Du konntest also mal wieder nicht anders, als deine neugierige Nase überall hineinzustecken.

Immerhin weiß ich jetzt, was es dort zu sehen gibt.

Einen Busch mit Dornen?

Genau. Und du brauchst gar nicht so zu grinsen! Es tut ganz schön doll weh.

Vielleicht solltest du deine Neugier gelegentlich etwas zügeln?

Warum sollte ich das denn tun?

Empört blickte Jacob mich an.

Hast du denn gar nichts verstanden von meiner Spezies? Wenn hund etwas noch nicht kennt oder nicht versteht, geht er eben näher ran, um es zu erkunden.

Klar. So wie neulich, als du zuerst mit der Nase – trotz meiner Warnung – an einen Elektrozaun gekommen bist? Und anschließend auch noch unbedingt dagegenpinkeln musstest?

Beim Gedanken an dieses Bild musste ich grinsen. Natürlich war es fies von mir, aber sein Gesichtsausdruck war einfach zu komisch. Noch heute nahm Jacob mir mein mangelndes Mitgefühl übel.

Das war schmerzhaft. Aber immerhin weiß ich jetzt, wie sich das anfühlt. Weißt du das auch?

Auf diese Erfahrung kann ich nun wirklich verzichten.

Das ist mal wieder typisch. Kein bisschen Neugier! Es ist wirklich erstaunlich, dass die Evolution euch so weit gebracht hat. Und dass ihr heute auf den weichen Sitzen im Bus sitzen dürft und wir auf dem harten Boden.

Du wirst es nicht glauben, aber der Homo sapiens ist eigentlich ein äußerst neugieriges Wesen. Unsere ganze Wissenschaft und fast alle Entdeckungen beruhen schließlich auf Neugier.

Aha.

Jacob schaute mich mit schräg gestelltem Kopf skeptisch an.

Du glaubst mir nicht?

Fällt mir schwer. Wenn ich sehe, wie Otto Normalmensch am liebsten alles aus der sicheren Distanz beobachtet? Und lieber darüber nachdenkt, wie etwas sein könnte, anstatt ranzugehen und dran zu schnuppern. Wenn hund die Wahl hat zwischen Risiko und Neugier, folgen wir immer der Neugier.

Ach ja? Du gehst großen Hunden etwa nicht lieber aus dem Weg?

Das ist doch etwas ganz anderes. Schließlich waren große Hunde früher, als ich noch ein Welpe war, gemein zu mir. Das weißt du doch. Aber ihr geht, auch ohne dass jemand gemein zu euch war, einfach nicht ran an Dinge, die euch interessieren.

Stimmt. Das Rangehen an Unbekanntes steckt den meisten von uns wohl nicht so im Blut.

In Jacobs Gesicht leuchtete Erwartungsfreude darüber auf, ein weiteres Mal die Überlegenheit seiner Spezies darlegen zu können.

Also: Wenn ihr einen Mitmenschen nicht versteht – fragt ihr etwa nach, was er denkt und fühlt? Wohl eher nicht so oft. Ihr denkt euch euren Teil und gebt euch damit zufrieden. Oder ihr hegt Misstrauen gegen jemanden oder irgendwas – beschnuppert ihr ihn oder es, um das auszuräumen? Nö, ihr kultiviert eure Vorurteile eher und sagt: »*Ich traue dem nicht!*«
Oder noch blöder: Wenn ihr jemanden richtig doll mögt – geht ihr dann ran und zeigt es ihm? So wie hund es tun würde?

Na ja, ziemlich oft trauen wir uns das wohl nicht so recht,

musste ich meinem Hund kleinlaut zustimmen.

Genau! Lieber gebt ihr euch mit irgendeiner Antwort zufrieden oder eurem Misstrauen oder redet euch ein, dass der andere euch sowieso nicht so toll findet. Da pinkele ich doch lieber gelegentlich gegen so einen Pritzelzaun, als meine Neugier derart zurückzuhalten.

Weißt du, unser Gehirn macht es uns auch nicht so leicht, unserer Neugier zu folgen …

Ich war nicht gewillt aufzugeben, ohne zumindest etwas Verständnis für die Menschheit geweckt zu haben.

… weil es instinktiv Gefahren und negative Dinge wichtiger bewertet als Chancen, Leckeres oder Erfreuliches. Das kommt wohl aus unserer ganz frühen Vergangenheit.

Bevor Hund und Mensch Freunde wurden?

Lange vorher. Deine Vorfahren konnten schließlich schnell laufen und hatten scharfe Zähne.

Und eure Vorfahren waren wohl schon genauso langsam und schwächlich wie ihr?

Jedenfalls mussten sie sehr auf der Hut sein, weil überall Gefahren lauerten. Und so funktionieren wir noch heute.

Euer Gehirn möchte ich echt nicht haben! Ihr habt zwar seltener Dornen in der Nase und pinkelt nicht auf Pritzelzäune – aber um welchen Preis?

Manchmal wünsche ich uns Menschen tatsächlich etwas mehr Neugier ...

Das würde euer Leben feiner machen, oder?

Ich denke schon. Die meisten Leute, die ich kenne, halten sich lieber an Bewährtes und Vertrautes, als mal was Unbekanntes auszuprobieren.

So, wie wir immer nach Dänemark an die Nordsee fahren und nie nach Schweden oder Norwegen?

Dort ist alles viel teurer!

Und das ist echt der wirklich total ehrliche Grund?

Jacob blickte mich misstrauisch an.

Na ja, es ist wohl auch eine Frage der Gewohnheit.

Auch dass wir meistens in denselben Gegenden spazieren gehen? Oder du dein Fressen fast immer im selben Laden holst? Oder immer ähnliche Klamotten trägst? Oder ...

Hör auf!

Wir schwiegen eine Weile und beobachteten das Geschehen auf der Wiese. Neben uns steckte ein Hund seine Nase tief in eine

Einkaufstasche, deren Eigentümer gerade in ein Gespräch verwickelt war.

Hast du nicht auch manchmal Lust, deine Nase ganz tief in etwas zu stecken, was du noch nicht kennst?

Manchmal. Vielleicht nicht unbedingt in eine Einkaufstasche.

Dieses prickelnde Gefühl, wenn die Neugier sich meldet ... Das kennst du doch auch, oder?

Womöglich habe ich ein bisschen verlernt, es zu fühlen.

Kannst du das denn nicht wieder neu lernen?

Du meinst, lernen, neugieriger zu sein?

Klar! An Sachen rangehen, die du noch nicht kennst. Daran schnuppern. Ausprobieren. Was machen, was du sonst nicht machst. Würde das dein Leben nicht schöner machen?

Schon möglich.

Mein Alltag war tatsächlich ziemlich alltäglich und voller Routinen. Ganz anders als in meinen jüngeren Jahren, als ich um einiges neugieriger und wissenshungriger war als heute. Mir gefiel die Vorstellung, meine eingestaubte Neugier mal wieder zum Leben zu erwecken. Und in Schweden war ich auch noch nie. Unterdessen versuchte mein Hund, die Gunst der Stunde und meine Gedankenversunkenheit zu nutzen und sich ebenfalls der besagten Einkaufstasche zu nähern.

Jacob, denk nicht mal daran!

Spießer.

SEHNSUCHT (NACH DER TAIGA)

♪♫ *Sähnsucht heißt ein altes Lied der Teikah, daas schon daamals meine Muhter saang. Sähnsucht klang im Spiel der Balla Leika ...* ♪♫

Hunde sind ja generell nicht dafür bekannt, durch Musikalität zu beeindrucken. Eigentlich können sie gar nicht singen. Aber Jacob gelang es immerhin, ein Gemisch aus Gebrummel und Fiepen hervorzubringen, was tatsächlich eine entfernte Ähnlichkeit mit Gesang hatte. Er traf natürlich kaum einen Ton, aber das mit großer Hingabe. Und er liebte nun einmal Alexandra. Genau, die Schlagersängerin, die vor einer Ewigkeit durch einen Autounfall dahingerafft wurde. Neben einer billigen CD aus dem Supermarkt mit Bollywood-Songs war *The Greatest Hits* ebendieser Alexandra die erklärte Lieblingsplatte meines Hundes. Und mir war die Aufgabe zugedacht, den CD-Player zu bedienen.

♪♫ *... die am Ahabend vor dem Haus erklaang ...* ♪♫

Jacob unterbrach sein Konzert und wandte sich mir zu.

Hör auf zu grinsen, du bist auch nicht gerade Pavarotti! Was is'n das eigentlich? Sähnsucht.

Sehnsucht ist so eine typisch menschliche Sache. Schwer zu beschreiben. Wenn ich sehnsüchtig bin, habe ich das Gefühl, dass ich etwas ganz Wichtiges unbedingt brauche. Als würde ein Stück aus meinem Herzen fehlen.

Wie ganz heftiger Hunger?

Nein, Hunger ist wohl keine Sehnsucht. Man sehnt sich eher nach etwas, das man gar nicht so genau benennen kann. Wie zum Beispiel mein Fernweh. Wenn wir zusammen in Dänemark beim Sonnenuntergang am Strand sitzen, dann fühle ich oft so eine Sehnsucht nach der weiten Welt. Ohne dass ich weiß, wonach genau ich mich eigentlich sehne. Das ist schwer zu verstehen, oder?

So wie die selige Alexandra Sehnsucht nach der Teikah hatte?

Taiga. Genau. Und das, obwohl die Dame wahrscheinlich nie dort gewesen ist. Ich vermute, sie hätte auch angesichts der klimatischen Bedingungen gar keine Lust auf eine Reise in die Taiga gehabt. Aber so ist das mit der Sehnsucht: Eine genaue Vorstellung davon, wonach wir uns sehnen, haben wir oft gar nicht.

Aber wie soll man dann seine Sehnsucht erfüllen, wenn man gar nicht so genau weiß, was man sich wünscht?

Ich glaube, dass manche Sehnsucht uns dazu bringt, aktiv zu werden und alles für ihre Erfüllung zu tun. Aber andere Sehnsüchte wollen gar nicht wirklich erfüllt werden. So wie mein Fernweh.

Jacob war anzusehen, dass er mit meinen Erklärungen alles andere als zufrieden war.

Also, wenn ich Lust auf Pizza hab oder mir nach einem Schläfchen ist, dann will ich das auch. Und wenn ich keinen Bock auf Spazierengehen im Regen habe, dann will ich das nicht. Ist doch ganz einfach.

Aber so einfach sind Menschen nun mal nicht. Meine Freundin Christine sehnt sich so sehr nach einer Beziehung – und sie tut tatsächlich alles dafür, den richtigen Mann zu finden.

Ohne Erfolg.

Leider. Und ich kenne andere Menschen, die auch so eine Sehnsucht haben, sich aber gar nicht wirklich auf eine Beziehung einlassen wollen. Für sie ist es im Grunde ganz okay, wenn ihre Sehnsucht nicht erfüllt wird.

Verstehe.

Manche Menschen leiden richtig unter ihren unerfüllten Sehnsüchten – vielleicht nach einem Leben in der Natur oder nach beruflicher Freiheit oder nach einer Familie. Obwohl das Ersehnte im Grunde gar nicht zu ihnen und ihrem Leben passen würde. Trotzdem haben sie das Gefühl, ihrem Glück fehlt etwas ganz Entscheidendes.

Wir schwiegen eine Weile und lauschten Alexandra, die uns inzwischen mit einer zweideutig schmuddeligen Geschichte von einem Janusz von der Puszta unterhielt.

Dann ist Sehnsucht also ein eher unangenehmes Gefühl?

Nicht unbedingt. Sehnsucht kann sich auch sehr gut anfühlen.

♪♫ *Sähnsucht sind die vielen heißen Trähänen und die Hoffnung, die im Härzen schwihingt ...* ♪♫

Jacob brummel-fiepte gegen Janusz von der Puszta an und meinte dann:

Wie kann es sich gut anfühlen, wenn dir etwas Wichtiges fehlt? Stell dir vor, wie gern mein Kumpel Wanja sein Hinterbein zurückhätte, das bei seinem Unfall kaputtgegangen ist. Er hat bestimmt auch Sehnsucht danach, wieder richtig rennen zu können. Ich kann mir nun wirklich nicht vorstellen, dass sich das gut anfühlt.

Sicher nicht! Sehr traurig darüber zu sein, dass uns etwas fehlt, kennen wir Menschen auch. Wie Christine. Aber die Sehnsucht, von der Alexandra singt, ist eher eine bittersüße. Und die können wir tatsächlich richtig genießen. Dann ist gar nicht wichtig, dass sie erfüllbar ist. So wie mein Fernweh. Ich reise ja ziemlich viel und weit. Solange ich unterwegs bin, spüre ich kein Fernweh. Aber sobald ich wieder zu Hause bin, ist es wieder da.

Jacobs kleine Stirnfalten wurden noch etwas tiefer. Er nickte langsam, als habe er es jetzt verstanden. Aber er sah dabei traurig aus.

Weißt du, manchmal denke ich an meinen Strand in Indien. Und dann werde ich auch ein bisschen traurig. Obwohl ich ja viel lieber hier bei dir lebe. Vielleicht fehlt meinem Herzen etwas von dort?

Bestimmt. Dein Strand war schließlich einmal deine Heimat, dort lebten deine Eltern und Kumpel. Ich glaube, wir alle haben manchmal sehnsüchtige Gefühle, wenn wir an unsere Kindheit denken. Und an den Ort, an dem wir aufgewachsen sind. Das geht mir auch so.

Nach Mama und Papa habe ich wohl auch eine Sehnsucht. Obwohl ich mich gar nicht so richtig an sie erinnere. Ich war ja noch ein Welpe, als sie verschwanden.

In Jacobs feuchten Augen spiegelte sich die Kerze, die vor uns auf dem Tisch brannte. Ganz leise sagte er:

Mein Strand war wirklich ein sehr feiner Ort. Nichts gegen den Elbstrand oder die Nordsee, aber die Wärme und das schöne blaue Meer und die Palmen ...

Wir können ja im Urlaub mal dort hinfliegen und deinen Strand besuchen.

Nee, lieber nicht. Die Hunde dort wären bestimmt nicht nett zu mir. Und vor den Zecken und den fiesen Flöhen gruselt es mich. Lieber bleibe ich bei meiner Sehnsucht und träume von meinem Strand.

Jetzt weißt du also, was das ist.

Hast du denn manchmal auch so eine traurige Sehnsucht?

Ja, manchmal schon.

Wonach?

In manchen Momenten sehne ich mich nach einem Menschen, der mir ganz nah ist.

Wieso das denn? Du hast doch mich?!

Natürlich, wir haben uns!

Ich umarmte meinen Hund und drückte ihn ganz fest an mich. Obwohl ich weiß, dass er so innige Umarmungen nicht sehr mag – sie aber mir zuliebe erduldet. In diesem Moment spürte ich gar keine Sehnsucht, sondern nur pures Glück.

ETWAS EIGENES

Durch die eben noch schönste Sonntagsruhe drang plötzlich aus dem Garten lautes Knurren, Bellen und Fauchen. Ich eilte vor die Terrassentür und sah gerade noch, wie unser Nachbarskater Egbert über den Zaun verschwand und Jacob ihm mit gesträubtem Nackenfell böse hinterherschaute.

Was war denn hier los?

Och, dieser Typ hat sich einfach auf mein Schlafkissen gelegt.
So eine Dreistigkeit!

Ich hatte Jacobs Kissen gewaschen und zum Trocknen in die Sonne gelegt. Seine Empörung fand ich etwas sonderbar.

Seit wann bist du denn so besitzergreifend? Du magst doch Egbert sehr gern. Musst du deswegen so einen Aufstand machen?

Selbstverständlich muss ich. Das ist schließlich mein *Kissen!*

Ja und?

Das verstehst du nicht. Denn du hast ja jede Menge Kram, der dir gehört. Aber ich bin schließlich ohne etwas Eigenes aufgewachsen, und mein Schlafkissen war das Allererste, was nur mir allein gehörte. Du würdest ja auch niemanden außer mir und Camino in dein Bett lassen.

Na ja ...,

meinte ich schmunzelnd, was Jacob aber nicht verstand.

Hunde haben sowieso wenig Eigenes im Vergleich zu euch.

Ich dachte, Sachen zu besitzen, sei nicht so euer Ding?

Mein Spielball oder mein Teddy, meine schöne Fressschüssel und natürlich mein Kissen sind mir schon wichtig. Aber um Sachen allein geht es gar nicht, sondern um Eigenes.

Das kapiere ich nicht.

Neben deinen Sachen, die du magst, liegt dir doch auch dein Eigenes am Herzen. Du spielst zum Beispiel gern Klavier und singst dazu. Oder du beschäftigst dich stundenlang mit den Pflanzen in unserem Garten.

Die du dann nur zu gern wieder ausbuddelst oder zerkaust.

Jacob überhörte meinen Vorwurf souverän.

Und obwohl du weder als Musiker noch als Gärtner sonderlich viel Talent hast, ist es dir trotzdem sehr wichtig, oder?

Klar. Weil ich nun mal gern klimpere und singe und gärtnere.

Das meine ich. Etwas Eigenes, das einem am Herzen liegt.

Ich verstehe. So wie Kalle und Birgit gern neue Restaurants ausprobieren und darüber einen Blog schreiben. Oder Astrid, die sich mit Philosophie beschäftigt, dazu Bücher liest und Seminare besucht.

Oder wie der Mensch, der vor einer Weile zu dir kam, für den das Allerschönste war, kleine Sachen aus Holz zu basteln.

Genau.

So etwas macht Menschen sehr zufrieden, oder?

Oh ja, ein Hobby kann sehr befriedigend sein!

Ist es dafür wichtig, etwas ganz besonders fein zu machen?

Hm. Das ist wohl unterschiedlich. Mein Anspruch, mein lausiges Klavierspiel zu verbessern, ist recht gering. Aber für einen anderen mag es wichtig sein, immer besser zu werden. Oder eines Tages den perfekten Garten zu haben.

Um dafür Lob zu bekommen? So wie ich früher in der Hundeschule gelobt wurde und Leckerlis bekam, wenn ich etwas fein gemacht habe?

Nein, das wäre echt blöd. Wir tun so viel für ein bisschen Anerkennung. Vor allem im Job. Warum sollte man auch noch für seine Hobbys Lob einheimsen wollen? Aber bestimmt gibt es Menschen, die so ticken.

Jacob nickte zustimmend.

Haben eigentlich alle Menschen etwas Eigenes, mit dem sie sich gern beschäftigen?

Ich glaube nicht. Obwohl ich oft höre, dass jemand sich so etwas sehr wünscht. »Ich hätte gern etwas, für das ich brennen kann!«

Aber dann kann mensch sich doch etwas suchen zum Verbrennen, oder?

Theoretisch ja. Nur tun das die meisten nicht. Warum auch immer.

Lass mich raten: Das liegt daran, dass ihr ständig meint, alles perfekt machen zu müssen?

Du kennst uns inzwischen wirklich ganz gut.

So schwer ist es ja nicht, euch zu durchschauen.

Wahrscheinlich hast du recht: Menschen denken viel zu oft, dass alles, was sie tun, eine möglichst große Sache sein sollte. Als würde ein kleines Hobby, das einfach nur Freude macht, nicht ausreichen.

Also Super-Klavierspieler oder lieber gar nicht Musik machen?

Genau. »Ich würde ja gern Tango tanzen lernen, aber ich bin zu unsportlich dafür.« Oder: »Ich kann doch nicht einfach einen Schauspielkurs buchen. Da mache ich mich doch nur lächerlich.«

Das ist dann aber schade.

Finde ich auch. Man beneidet zwar Leute, die ihr eigenes Ding machen, aber traut sich nicht, selbst etwas zu beginnen, das einen interessiert.

Es ist bestimmt nicht schön, eines Tages feststellen zu müssen, dass man viel zu wenig Eigenes gemacht hat.

Ich möchte echt nicht, dass auf meinem Grabstein steht: »Er hat immer seine Pflicht getan und sein Leben ordentlich bewältigt.«

Über diese Vorstellung musste ich lachen, und Jacob schaute mich mit bestürztem Ausdruck an.

Das wäre nicht schön. Ist aber bei dir nun wirklich nicht zu befürchten. Meinst du, jeder Mensch könnte etwas Eigenes finden, wenn er es wirklich will?

Ja, ganz sicher. Wenn man danach sucht – und sich einer Sache wirklich widmet. Man darf nur nicht erwarten, dass einem ein Hobby oder ein Interesse so einfach vor die Füße fällt.

Das erwarten manche Menschen?

Ich glaube schon. Oder sie sehen, wie sich jemand seit vielen Jahren mit einem Thema beschäftigt und sich dafür begeistert, und wollen das auch. Aber sofort und ohne Mühe.

Das ist wahrscheinlich so wie damals am Strand, nach den kleinen leckeren Krebsen zu suchen. Man musste eine Menge schnuppern und buddeln, bis man einen fand. Einfach nur irgendwo ein Loch graben und dann aufgeben – das funktionierte natürlich nicht.

Aber so ungefähr machen es tatsächlich einige Menschen. Und behaupten dann, für sie gäbe es nichts Eigenes.

Man muss nun mal schnuppern und buddeln, wenn man fündig werden will. Und man braucht Durchhaltevermögen. Das weiß jeder Hund.

Mir fällt dazu ein schönes Wort ein, das leider nicht mehr in Mode ist: Hingabe. Man muss sich hingeben, um sich etwas zu eigen zu machen. Einer Sache, einem Thema oder auch einem Menschen und natürlich einem Hund.

Das klingt schön.

Wir genossen schweigend die Gewissheit, dass wir beide eines geschafft hatten: uns mit Hingabe zu begegnen. Bis Jacob mich anschaute und meinte:

Vielleicht sollte ich auch etwas sammeln? Knochen zum Beispiel. Oder besonders leckere Leckerlis?

Keine Chance. Du würdest sie sofort auffressen.

Stimmt. Meinst du denn, ich habe genug Eigenes?

Du bist doch schon ein rundum glücklicher Hund. Glaubst du, dir fehlt etwas?

Nö.

Na dann …

Dann widme ich mich jetzt mal meinem Schlafkissen. Das müsste wohl langsam trocken sein. Es ist echt wichtig, ein feines Hobby zu haben,

brummelte mein Hund, während er sich auf seinem Kissen einrollte und seine Augen langsam genüsslich zufallen ließ.

BITTE KEINE WIEDERHOLUNGEN

Schweigend fuhren wir durch die sommerliche schleswig-holsteinische Landschaft in Richtung Heimat. Die Sonne stand schon tief am Horizont, und die Bäume an der Landstraße warfen lange Schatten. Jacob durfte ausnahmsweise auf dem Beifahrersitz sitzen und schaute in die sommerliche Landschaft.

Das war ein netter Tag.

Echt nett.

Überzeugend klangen wir beide nicht. Dann sah Jacob zu mir herüber und meinte ernst:

Neulich hatten wir viel, viel mehr Spaß, oder? Obwohl wir am selben Ort waren und heute die Sonne genauso fein schien?

Oh ja, der Ausflug neulich war wirklich einmalig schön!

Es war gerade zwei Wochen her, als wir uns wegen des schönen Wetters spontan zu einer Landpartie entschieden hatten. Wir warfen ein paar Sachen ins Auto und fuhren einfach nach Norden, raus aus der Stadt. So landeten wir am Plöner See, gingen dort lange spazieren und entdeckten eine Wiese direkt am Wasser. Wir picknickten im Gras, dösten und fühlten uns pudelwohl. Und dann gesellte sich noch eine nette Familie zu uns – mit einer Hündin, die Jacob sehr mochte und mit der er stundenlang tobte und plauschte. Als wir in der Abenddämmerung schließlich nach Hause fuhren, waren wir ganz beseelt.

Heute war es wieder warm und sonnig, und wir entschieden uns, den Ausflug zu wiederholen. Wir kauften extra leckere Dinge für ein Picknick, lagen dann auf unserer Wiese und bekamen sogar wieder nette Gesellschaft. Es wurde ein angenehmer Nachmittag, aber es fühlte sich an wie ein müder Abklatsch des ersten Besuchs. Und so waren wir jetzt auf unserem Heimweg ein bisschen niedergeschlagen.

So funktioniert es eben nicht …

Meinst du, etwas besonders Schönes wiederholen zu wollen?

Hm. Wir waren wohl echt ein bisschen blauäugig. Das Feine war ja, dass wir neulich spontan unterwegs waren und die schöne Wiese und die netten Leute zufällig gefunden haben.

Und heute hatten wir eine genaue Vorstellung davon, was wir erleben wollten.

Wir hätten uns wohl besser einen neuen Ort suchen sollen. Selbst wenn der nicht so hübsch gewesen wäre wie unsere Wiese – wir hätten dort bestimmt mehr Spaß gehabt.

Meinst du?

Ganz bestimmt.

Wir fuhren eine Weile ohne zu sprechen dahin.

Machen Menschen so etwas oft?

Versuchen, etwas zu wiederholen, das sie einmal glücklich gemacht hat?

Jacob nickte stumm. Mir kam dazu eine Geschichte aus meiner Jugend in den Sinn.

Dass Wiederholungen nicht immer klug sind, habe ich mit 18 oder 19 das erste Mal kapiert. Damals war ich Inselhüpfen in Griechenland.

Du bist auf einer Insel rumgehüpft? Wie lächerlich.

Natürlich nicht. So nennt man es, wenn man spontan von einer Insel zur anderen reist. Gehüpft bin ich dabei nicht. Weil eine Fähre gerade abfuhr, entdeckte ich eine ganz kleine Insel, auf der kaum Touristen waren, und hatte dort eine wundervolle Zeit mit sehr netten Leuten.

Ja und?

Als ich zwei Jahre später genug Geld für die nächste Reise gespart hatte, fuhr ich direkt zu dieser kleinen Insel – voller Vorfreude und mit der Erwartung, es würde wieder so schön werden wie beim ersten Mal.

Aber das wurde es nicht?

Leider nicht. Die Insel war immer noch sehr hübsch. Aber die Realität konnte nicht mithalten mit meinen rosaroten Erinnerungen.

Du warst bestimmt enttäuscht?

Und wie.

Das ist wieder so ein typisch menschliches Dings. Auf Teufel komm raus wiederholen zu wollen, was euch früher einmal glücklich gemacht hat.

Tja, das stimmt wohl. Anstatt uns ein neues Restaurant zu suchen, gehen wir lieber dorthin, wo es einmal besonders nett war. Oder wir kaufen etwas immer wieder, das uns früher einmal begeistert hat. Menschen mögen nun mal Wiederholungen. Auch wenn sie uns immer wieder enttäuschen.

Mir fällt auch ein Beispiel ein: Weißt du noch, wie du vor einer Weile spontan ein paar Freunde eingeladen hast und ihr die ganze Nacht Karten gespielt habt?

Ich erinnere vor allem, wie verkatert ich am nächsten Morgen war. Aber der Abend war großartig!

Nur habt ihr euch dann für einen weiteren Spieleabend verabredet.

Der total enttäuschend war, weil es lange nicht so lustig war wie beim ersten Mal.

Menschen sind eben eine äußerst naive Spezies.

Hunde nicht?

Nee, wir stehen mit allen vier Beinen fest im Leben.

Ich verstehe. Aber wer bestand neulich darauf, diesen kitschigen Hollywood-Hundefilm noch mal anzuschauen, weil er ihm am Wochenende zuvor so besonders gut gefallen hatte?

Der war echt toll. Vielleicht etwas unrealistisch, aber sehr spannend!

Auch beim zweiten Ansehen?

Na ja, nicht ganz so.

Darf ich dich daran erinnern, dass du nach zehn Minuten eingeschlafen bist?

Möglich.

Ich grinste noch so vor mich hin, als Jacob plötzlich rief:

Siehst du den Feldweg, der da vorn von der Straße abgeht? Der sieht nett aus. Fahr doch da mal rein!

Wieso denn das? Wir haben doch keine Ahnung, wohin der führt.

Genau!

Jetzt grinste auch mein Hund.

DREI DOLL FEINE SACHEN

Bevor Jacob bei mir einzog, hatte ich natürlich so einige Hunderatgeber studiert. Ich wollte ja pädagogisch vorbereitet sein und nicht gleich allzu viele Erziehungsfehler begehen. Von zwei unumstößlichen Regeln las ich darin: Der Hund gehört nicht aufs Sofa. Und selbstverständlich niemals ins Bett! Weil hund lernen muss, wo sein Platz in der häuslichen Hierarchie ist. Das klang sehr vernünftig.

Was ich dabei nur nicht bedacht hatte: Es ist wahnsinnig gemütlich, an seinen Liebling gekuschelt auf dem Sofa zu liegen. Also führte ich einen – eigennützigen – Kompromiss ein. Wenn die Hundedecke auf dem Sofa lag, durfte Jacob darauf Platz nehmen. Heute liegt die Decke nur noch aus Alibigründen dort. Aber was mein Bett anging, blieb ich eisern. Jedenfalls bis zu einer Schreibwoche im winterlich frostigen Dänemark. Allein mit Jacob in einem Ferienhaus. Wäre es nicht unglaublich gemütlich, seinen warmen Hund unter der Decke zu haben? Es war. Seitdem schläft Jacob bei mir im Bett. Aber sagen Sie es bitte nicht weiter.

WaswarenheutedeinedreidollfeinstenSachen?

Häh?

Jacob hatte seinen Kopf unter meiner Bettdecke vergraben und war kaum zu verstehen. Zumal ich schon halb eingeschlafen war. Die Umrisse eines Hundekopfs erschienen im Dunkeln.

Sag mal: Was waren heute deine drei doll feinsten Sachen?

Wie kommst du denn jetzt darauf?

Och, ich dachte grad so über den Tag nach. Und was ich heute schön fand.

Und was war heute für dich schön?

Ich war wieder wach und wusste, Jacob würde sowieso nicht lockerlassen.

Als mir die Dame beim Morgenspaziergang ein Leckerli gab. Obwohl du das ja nicht so gern siehst, wenn andere Leute mir was geben.

Hm.

Und sehr schön fand ich, als die Wolken aufrissen, kurz bevor wir wieder zu Hause waren. Und ein Sonnenstrahl auf uns fiel.

Ja, das war wirklich schön!

Und was war für dich heute sehr fein?

Für mich war heute ein guter Moment, als mir mein Klient Herr B. beim Abschied dankte und meinte, er habe heute etwas Wichtiges über sich gelernt. Das hat mich sehr gefreut!

Ich fand super, mit meiner Freundin Trudi um die Wette zu rennen, bis wir nicht mehr konnten und total außer Atem waren.

Erinnerst du dich daran, als auf dem Nachhauseweg von der Arbeit plötzlich ein ganz zarter Duft nach Frühling in der Luft lag?

Oh ja, das war wundervoll!

Eigentlich erstaunlich, wie viele kleine schöne Momente so ein stinknormaler Tag hat.

Die man normalerweise sofort wieder vergisst. Oder gar nicht mitbekommt.

Am Abend denkt man dann, dass der Tag nichts zu bieten hatte.

Und ist vielleicht sogar sehr traurig, weil man meint, ein ödes Leben zu haben.

Das denken wahrscheinlich gar nicht wenige Menschen.

Dabei schauen sie in Wirklichkeit nur nicht so genau hin?

Gut möglich. Und übersehen daher die schönen Kleinigkeiten.

Die das Leben doch echt lebenswert machen können.

Das finde ich auch. Manchmal freue ich mich über ein Lächeln im Vorbeigehen. Von einem Menschen, den ich gar nicht kenne.

Oder über eine kleine Beschnupperei mit einem Hund, der gut riecht. Das macht die Laune sofort ein bisschen besser.

Wir lagen eine Weile eng aneinandergekuschelt in der Dunkelheit und hörten uns gegenseitig beim Atmen zu.

Ich glaube, oft hindert mich mein Alltags-Tunnelblick daran, an schöne Dinge zu denken, die ich mir zwischendurch mal gönnen könnte.

So wie eine Extrarunde durch die netten kleinen Gärten?

Stimmt. Die macht unsere Gassirunde nur ein paar Minuten länger. Aber viel schöner. Dann gehen wir nicht nur, weil es eben sein muss ...

Sondern weil es unseren Tag viel feiner macht! Oder wenn du dir gelegentlich aus dem Café einen Kaffee holst und wir uns einen Augenblick hinsetzen und ich den kleinen Keks essen darf.

So was macht das Leben doch wirklich lebenswert! Ich denke nur leider zu selten daran.

Manchmal hab ich den Eindruck, du latschst durch deinen Tag, um ihn nur irgendwie abzuhaken und hinter dich zu bringen.

Hm, ich weiß, was du meinst. Als ginge es nur darum, den Alltag zu bewältigen. Als wäre aus so einem Tag nicht mehr rauszuholen.

Aber das stimmt doch nicht, oder?

Nein. Oder vielleicht gibt es solche Tage, aber nur ganz selten.

Ich finde es ausgesprochen undankbar, so mit seinem Leben umzugehen.

Undankbar?

Klar! Wir bekommen doch nur soundsoviele Tage geschenkt, an denen wir auf der Welt sein dürfen. Ist doch undankbar, sich keine Mühe zu geben, etwas Gutes daraus zu machen! Und sich nicht über die kleinen schönen Sachen zu freuen.

Du hast recht, das ist wirklich keine feine Art, mit einem geschenkten Tag umzugehen.

Ich ahnte, wie Jacob im Dunkeln zufrieden nickte. Weil sein manchmal etwas begriffsstutziger Mensch wieder ein bisschen mehr über das Leben verstanden hat. Wir lagen eine Weile einfach so da und genossen es schweigend.

Es ist doch ein guter Anfang, abends an die doll feinen Dinge des Tages zu denken.

Fragst du mich morgen Abend wieder danach?

Mach ich gerne. Darf ich unter deiner Decke schlafen?

Klar. Aber erzähl es nicht deiner Hundeschullehrerin ...

HABEN WIR EIN RECHT AUF DIE GUTEN DINGE?

Jacob! Lass gefälligst den Hund in Ruhe!

Von meiner Bank am Rand der Spielwiese beobachtete ich meinen Hund, der eben noch friedlich neben einem anderen im Gras gelegen hatte. Jetzt aber unvermittelt aufsprang, seinen Kollegen anknurrte und ihm seine Zähne zeigte, als wollte er sich auf ihn stürzen. Als Jacob mein Rufen hörte, schaute er kurz zu mir herüber, verdrehte die Augen und schlurfte dann träge in meine Richtung.

Ich könnte kotzen!,

bemerkte er, als er vor mir stand.

Wie bitte?

Was für ein Schnösel!

Ist das etwa ein Grund, sich so aggressiv zu benehmen? Was hat er dir denn getan?

Zuerst unterhielten wir uns ganz gepflegt. Über unsere Erfahrun-

76

gen als Einwanderer, denn Cäsar kommt aus Bulgarien. Ziemlich
üble Geschichte, die er mir da erzählte. Jemand hat ihn in eine
Mülltonne geworfen, als er noch ein Welpe war. Und nur durch
Zufall wurde er gefunden und gerettet.

Armer Kerl.

Da könnte man doch annehmen, er wäre ein wenig dankbar, jetzt
hier leben zu dürfen.

Und das ist er nicht?

Pah! Keine Spur. Zuerst ließ er sich lang und breit darüber aus,
dass seine Menschen weder einen Garten noch einen Balkon
haben. »*Unzumutbar*« *findet er das. Außerdem kaufen sie sein*
Futter beim Discounter! Als ob denen seine Gesundheit völlig
egal sei. Und er regt sich auf, weil er neulich für eine Woche in die
Hundepension musste.

Na ja, meckerst du nicht auch gelegentlich über deine Ernährung? Zum Beispiel, weil Pizza nicht auf deinem Speiseplan steht? Oder wenn es nicht deine Lieblingsfuttersorte gibt?

Das kann man doch gar nicht vergleichen! Sicher, ich habe einen
sehr feinen Geschmack und weiß ein gutes Futter zu schätzen.
Aber mir ist schließlich sehr bewusst, wie viel Glück ich habe, hier
mit dir zu leben!

Ich weiß.

Deshalb kapier ich nicht, dass manche Hunde so undankbar sein
können. Auch wenn hund keine Armut oder schlimme Dinge er-
lebt hat – jeder von uns weiß doch, wie viele unglückliche Hunde
es gibt auf der Welt. Wie kann Cäsar sich dann darüber aufregen,
keinen Balkon zu haben?!

Tja.

So ein Idiot.

Selten erlebte ich Jacob derart empört.

Du weißt ja, dass auch viele Menschen nicht gerade dankbar sind für das Leben, das sie haben. Obwohl sie jeden Tag sehen und lesen, wie schlimm es einem gehen kann. Nicht nur in anderen Ländern.

Stimmt. Wenn man beispielsweise doll krank wird. Oder wenn es jemandem schlecht geht, den man lieb hat.

Und anstatt dankbar zu sein, dass sie gesund sind und satt und liebe Menschen kennen, beklagen sie sich.

Wie dieser undankbare Köter?

Genau so.

Jacob setzte sich neben meine Knie ins Gras, und wir beobachteten die Hunde und Menschen, die miteinander spielten und sich unterhielten und insgesamt sehr zufrieden wirkten.

Weißt du, was ich glaube?

Was glaubst du?

Dass viele Leute – und anscheinend auch einige Hunde – denken, sie haben ein Recht auf all die guten Seiten und Dinge ihres Lebens. Gesund zu sein und dass Leute nett zu ihnen sind und all das. Als sei es selbstverständlich und nicht ein großes Glück, es so gut zu haben.

Das nervt mich manchmal auch! Wenn jemand meint, ihm stehe alles Mögliche zu: ein höheres Gehalt, ein großes Haus, Anerkennung, Respekt, ein interessanterer Job oder ein netterer Chef. Ich verstehe ja, dass man sich so etwas wünscht, und finde auch, man soll sich dafür einsetzen. Aber nichts zu tun und zu schmollen und zu meckern, weil man glaubt, ein Recht darauf zu haben? Das kann's doch wohl nicht sein.

In Indien habe ich nie jemanden sagen gehört »Ich habe ein Recht darauf« oder »Das steht mir zu«. Irgendwie scheinen die Menschen dort anders zu denken als ihr hier.

Gut möglich. Wir haben wohl wirklich die Illusion entwickelt, uns stünde all das zu, was wir hier haben. Und eigentlich noch ein bisschen mehr.

Weißt du, als Strandhund lernt man, echt dankbar für jede Kleinigkeit zu sein. Für jedes Stückchen Fressen und jedes nette Wort und Gestreicheltwerden. Und vor allem dafür, am Leben zu sein!

Dafür sind die Menschen hier wohl nur selten dankbar.

Ja. Findet ihr es nicht sogar total ungerecht, dass ihr älter werdet und nicht mehr ausseht wie ein ganz junger Mensch und nicht mehr ganz so fit seid?

Hm. Als seien Falten ein Betriebsunfall und als würde uns eigentlich ewige Jugend zustehen. Ich ertappe mich auch manchmal dabei, wie ich so denke. Eine ziemlich kindische Sichtweise ...

Die euch nicht gerade zufriedener macht, oder?

Bestimmt nicht! So eine Haltung trägt kaum zu unserem Lebensglück bei.

Jacob begrüßte einen Hund, der gerade vorbeispazierte, setzte sich dann wieder zu mir und stellte fest:

Es ist schon ein bisschen putzig, wie ihr versucht, mit euren vielen Ansprüchen glücklicher zu werden.

Putzig? Na ja, einige Menschen investieren wirklich viel Zeit und Energie, sich darüber aufzuregen, was sie alles *nicht* haben.

Mein Reden.

»Könnte ich wie die Müllers von nebenan im Urlaub nach Thailand fliegen und nicht nur nach Spanien, wäre mein Leben viel schöner.«

Wie ungerecht.

Wir grinsten beide – ein wenig selbstgerecht – vor uns hin. Bis mein Hund bemerkte:

Hast du dich nicht neulich darüber echauffiert, dass sich das neue Buch von diesem Dingsbums viel besser verkauft als dein letztes?

Hm.

Als sei es eine Selbstverständlichkeit, dass jeder nur deine Bücher lesen wollte?

Musst du mich hier vor meinen Lesern derart bloßstellen?

Anstatt dankbar zu sein, dass sich viele Menschen dafür interessieren, was du schreibst.

Hm.

So sorgt man nicht gerade für sein Glück, oder?

Oder?

Hey, wo gehst du denn hin?

Du kannst doch nicht einfach ohne mich weggehen!

Was soll das jetzt wieder?!
...
Menschen!

Anmerkung von Tom:

GEGEN FALTEN HILFT DANKBARKEIT

Bette Davis meinte einmal, dass Älterwerden nichts für Feiglinge sei. Dem konnte ich nur beipflichten, als ich mich – mit sehr kalten Füßen – gefährlich der Fünfzig näherte. Schon vierzig zu werden, empfand ich als echte Herausforderung. Aber als ich, bevor ich Jacob kennenlernte, meine Midlife-Crisis zelebrierte, erschien mir diese nächste runde Zahl als eine völlig andere Nummer.

Ganz schön unentspannt und uncool für einen gestandenen Psychologen? Mag sein. Da halfen auch keine freundlichen Worte von wohlmeinenden Freunden. Falten und schlaffes Bindegewebe kann man nun mal nicht übersehen oder wegtrösten. Aber, das ist jedenfalls meine Erfahrung, man kann lernen, weniger darunter zu leiden. Nein, nicht, indem man sich das Unschöne auf Teufel komm raus schönredet. Sondern indem man sich eine positivere Perspektive zulegt. Was wirklich hilft, ist Dankbarkeit!

Diese Lektion habe ich auf traurige Weise durch den Tod meiner besten Freundin Paula gelernt. Ihre erste Krebserkrankung war gerade als überwunden diagnostiziert. Da tauchte diese neue, unheilbare auf und scherte sich nicht um die Prognose, die Paula noch zwei Jahre versprach. Ich begleitete meine Freundin von der Diagnose im Frühjahr bis zu ihrem Tod an einem grauen, kalten Novembertag.

Sechs Monate später stand mein Geburtstag an, und reflexhaft beklagte ich mal wieder mein Schicksal, meine Falten und das nachlassende Bindegewebe. Aber dieses Mal blieb mir mein Selbstmitleid im Halse stecken. Denn mir wurde schlagartig bewusst, was für ein Privileg es doch war, wieder ein Jahr älter werden zu dürfen, und wie undankbar mein Gejammer gegenüber dem Schicksal der einst so lebenshungrigen Paula anmutete.

Als ich mein Leben auf diese Weise betrachtete, konnte ich tatsächlich Dankbarkeit empfinden, während mein Frust in den Hintergrund rückte. Für mich war dies eine neue Erkenntnis: Dankbarkeit lässt uns eine gesündere Perspektive einnehmen und hilft dabei, Unzufriedenheiten zu relativieren. Das ist übrigens sogar wissenschaftlich erwiesen. Die amerikanische Psychologin Sonja Lyubomirsky bringt es in ihrem Buch *The How of Happi-*

ness (Glücklich sein: Warum Sie es in der Hand haben, zufrieden zu leben) auf den Punkt:

»Wer dankbar ist, kann positive Erfahrungen mehr genießen und erlebt weniger negative Gefühle wie Ärger, Eifersucht oder Schuld. Sein Selbstwertgefühl steigt, und er kann leichter mit Belastungen umgehen.«

Klingt nicht schlecht, oder? Die Idee, jeden Abend an die »drei doll feinen Sachen des Tages« zu denken, ist übrigens nicht nur eine Erfindung von Jacob. Der Wissenschaftler Robert Emmons hat eine Gruppe von Menschen abends fünf Erlebnisse des Tages aufschreiben lassen, für die sie dankbar sind. Eine andere Gruppe sollte dagegen negative Erlebnisse festhalten. Erstaunlich fand ich, dass sich schon nach zehn Wochen bei den Menschen der ersten Gruppe positive Veränderungen zeigten: Sie äußerten sich zum Beispiel zufriedener über ihr Leben, fühlten sich gesünder und trieben sogar mehr Sport.

Man kann eine dankbare Haltung also wirklich trainieren! Nur leider kultivieren viele von uns nicht ihre Dankbarkeit, sondern tun das Gegenteil, indem sie Gutes für selbstverständlich halten. Anstatt sich beispielsweise über einen schönen Sommertag zu freuen, meinen sie, dass dies im Juli doch wohl der Normalfall sein sollte. Sogar in Hamburg! Anstatt ein besonders gutes Essen zu genießen, klagen sie über die vielen Kalorien darin. Oder anstatt für ein Lächeln und ein nettes Wort dankbar zu sein, halten sie es für ganz normal, dass man nett zu ihnen ist. Weil sich das doch schließlich so gehöre.

Klar, ich kann eine Pizza, die mir an einem Regentag ins Haus geliefert wird, als zu banal abtun, um dafür dankbar zu sein. Oder das freundliche »Ich wünsche Ihnen einen schönen Abend!« der Kassiererin im Supermarkt. Ich muss aber nicht.

CREMES, SPORT UND GESUNDE ERNÄHRUNG
MÖGEN EIN KLEINES BISSCHEN GEGEN FALTEN
UND ERSCHLAFFUNG HELFEN. VIEL WIRKSAMER
GEGEN DEN ALTERSFRUST IST ABER, DEM LEBEN
MIT DANKBARKEIT ZU BEGEGNEN. WEIL UN-
SER GLÜCK EBEN NUR GELIEHEN IST. UND WER
WEISS – VIELLEICHT SOGAR NUR FÜR DIESES
JAHR ODER DEN HEUTIGEN TAG.

3. KAPITEL

MUSS ICH ALLES GLAUBEN, WAS ICH DENKE?

Eine Klientin von mir, nennen wir sie Anna, war gerade aus der Tür gegangen, nachdem Jacob und ich sie herzlich verabschiedet hatten. Anna kam zu mir, weil das Leben sie so sehr stresste. Sie arbeitete viel und hatte auch privat eine Menge um die Ohren. Immer gab es für sie etwas zu tun – sie meinte, ihr Tag bräuchte mindestens 30 Stunden. Denn sie »musste« neben einer besonders anstrengenden Phase im Job ihr intensives Sportprogramm durchziehen und zusätzlich auch noch ihre Wohnung renovieren. Außerdem gab es ständig irgendwelche Fortbildungen, die sie für »absolut unverzichtbar« hielt.

Jacob blickte auf die geschlossene Tür, als könnte er Anna immer noch sehen. Und seufzte dann leise.

Die mag ich! Sie tut mir nur leid, weil sie sich so sehr anstrengen muss und dabei so unglücklich wirkt.

Das geht mir auch so.

Strengt sie sich denn so an, weil sie dafür besonders viele Leckerlis oder andere feine Sachen bekommt?

Ich fürchte, ihr Leben hält nicht allzu viele Leckerlis für sie bereit. Wenn sich jemand so anstrengt, um seine Familie gut zu ernähren oder sich ein Haus bauen möchte oder für eine besondere Reise spart – dann ist es vielleicht sinnvoll, sozusagen als Leckerli.

Möchte Anna denn ein Haus bauen oder eine Reise machen?

Nein. Und sie verdient wohl sowieso mehr Geld, als sie ausgeben kann. Denn sie hat ja kaum Zeit dafür. Genauso wenig wie für ihre Familie und Freunde.

Das verstehe ich nicht. Sie sagt doch oft, dass sie so viel tun muss. Warum muss sie denn müssen?

Diese Frage habe ich ihr ja auch gestellt. Sie hat mir erklärt, dass ihr Chef und die Kollegen so hohe Erwartungen an sie hätten, die sie unbedingt erfüllen müsse. Sie würde ihre Position gefährden, wenn sie weniger täte. Und außerdem würden die Leute schlecht über sie denken. Auch wenn sie ihr Haus und den Garten vernachlässigte.

Wer sind denn diese Leute?

Ich musste über Jacobs sehr berechtigte Frage lachen.

Ich bin mir sicher, das weiß Anna auch nicht so genau. Und ich glaube nicht, dass der Chef und die Kollegen wirklich so hohe Erwartungen an sie haben.

Meinst du denn, sie belügt dich?

Nein, sie belügt wohl eher sich selbst.

Stellst du ihr deshalb immer wieder die Frage, ob sie wirklich glaubt, was sie denkt?

Genau.

Aber wie kann man denn glauben, was man denkt? Wenn ich jetzt denke, dass es langsam Zeit für uns ist, nach Hause zu gehen und etwas Feines vor dem Fernseher zu essen – dann denke ich das doch wirklich, oder?

Da bin ich mir ganz sicher. Bei Menschen ist es allerdings manchmal etwas komplizierter. Wir denken nicht selten, dass wir etwas unbedingt müssen. Aber wenn wir in Ruhe darüber nachdenken, sehen wir ein, dass es gar nicht stimmt.

So wie du gestern gesagt hast, dass wir nicht auf die Hundewiese gehen können, obwohl die Sonne schien? Weil du so viel erledigen musstest? War das denn richtig gedacht?

Gestern hatte ich wirklich viel um die Ohren. Aber oft mache ich mir wohl auch unnötigen Druck.

Und wieso machst du das? Von ihrem vielen Druck spricht Anna ja auch ständig.

Deshalb kann ich sie so gut verstehen!

Wenn ich zu viel gefressen habe, kriege ich Druck im Bauch. Das ist kein schönes Gefühl. Ist es so dann auch bei euch?

Druck in den Gedanken ist vielleicht sogar noch unangenehmer.

Jacob ging langsam zu seinem Körbchen, drehte sich immer wieder um die eigene Achse, bis er sich schließlich umständlich hinlegte. Nach ein paar Sekunden stand er aber wieder auf und kam zurück zu mir.

Hast du je einen Hund sagen gehört: »*Ich muss nur noch schnell den Ball holen und dem Kaninchen dort hinterherrennen, dann hab ich endlich etwas Zeit für das Abendfressen*«*? Du lachst ... Wäre ganz schön absurd, oder? Ich hole den Ball oder das Stöckchen, weil ich Bock darauf habe. Und verfolge ein Eichhörnchen (auch wenn du das nicht so toll findest), weil sich das gut anfühlt.*

Oder weil du dafür eine Belohnung bekommst.

Stimmt. Für ein feines Leckerli macht hund eine Menge. Auch richtig dämliche Sachen wie in der Hundeschule. Nur bekommen wir unsere Belohnung ja auch, nachdem wir gemacht haben, was ihr von uns wollt. Würde sich ein halbwegs vernünftiger Hund lächerlich machen und zum Beispiel durch bunte Ringe springen, wenn er dafür »*vielleicht irgendwann demnächst*« *belohnt wird?*
Natürlich nicht! Der Deal ist doch: Ich erledige, was du von mir willst, und bekomme dafür ein Leckerli. Klare Sache. Aber Anna und du – ihr macht Sachen, die ihr gar nicht tun wollt, ohne eine Belohnung dafür zu verlangen?

Na klar wollen wir alle auch unsere Leckerlis – uns gut fühlen, Spaß haben und glücklich sein.

Wirklich?

Selbstverständlich! Nur haben die meisten von uns schon früh gelernt, dass man sich erst einmal ordentlich anstrengen muss, ohne über eine Belohnung nachzudenken. Man sagt zwar »Ohne Schweiß kein Preis«. Aber wer sofort nach seinem Preis fragt, wird schräg angesehen.

Jacob sah mich schräg an.

Das ist ganz schön verwirrend, nicht wahr?

Er nickte nur.

Ich glaube, das hat uns auch verwirrt, als wir noch ganz jung waren. Und viele von uns haben vielleicht nie wirklich verstanden, wann man an sich selbst und seine Belohnung denken darf und sie fordern – und wann nicht. Womöglich haben wir deshalb gelernt, dass man sich besser immer ordentlich anstrengen sollte.

Um nicht schräg angeschaut zu werden?

Genau.

So wie Anna befürchtet, dass der Chef oder die Kollegen oder die Leute sie schräg anschauen könnten?

Und um nicht als faul, unbescheiden oder egoistisch zu gelten.

Mein Hund zögerte einen Augenblick, bevor er leise fragte:

Findest du mich denn faul, unbescheiden und egoistisch?

Ehrliche Antwort?

Jo.

Du bist ein Hund, und du denkst vor allem daran, dass du deinen Spaß hast und das leckerste Essen bekommst. Du nutzt jede Gelegenheit für ein Schläfchen, und übertriebene Bescheidenheit ist auch nicht dein Ding.

Und schaust du mich deshalb schräg an?

Natürlich nicht! Ich mag dich ja so, wie du bist. Und du denkst schließlich auch an mich und sorgst dafür, dass es mir gut geht.

Wie wäre es eigentlich, wenn alle Menschen ein bisschen hündischer würden, also etwas fauler, unbescheidener und egoistischer? Und öfter mal an ihre Belohnung denken?

Na ja, einige Leute sind schon ziemlich gut darin, ausschließlich an ihr eigenes Wohl zu denken. Aber den meisten Menschen, die ich kenne, würde so ein »hündisches Denken« sicherlich sehr guttun.

Vielleicht solltest du Anna vorschlagen, sich von einem Hund adoptieren zu lassen?

Damit der ihr beibringt, etwas fauler, unbescheidener und egoistischer zu werden?

Ganz genau.

Du meinst, der wäre als Annas Berater erfolgreicher als ich?

Ehrliche Antwort?

Och. Nö.

ILLUSIONEN, BOLLYWOOD
UND DAS SAMS

Schon seit Stunden lag ich auf dem Sofa, hatte gerade die zweite Tafel Schokolade verzehrt – mir war dementsprechend übel –, und ich tat mir sehr, sehr leid. Liebeskummer! Ich hatte diesen einzigartigen Menschen zwar gerade erst kennengelernt. Aber ich war mir schon so sicher gewesen, dass wir füreinander gemacht und bestimmt waren. Und hatte keinen Augenblick daran gezweifelt, was für eine wundervolle Zukunft vor uns lag. Bis zu dem Gespräch am Abend zuvor. »Ich mag dich wirklich sehr, aber ...«

Jetzt half gegen meine Traurigkeit nur Schokolade. Und natürlich mein Hund, der ganz eng an mich gekuschelt neben mir schlief. Oder vielmehr so tat, mich aber heimlich beobachtete wie ein Arzt seinen in den letzten Zügen liegenden Patienten.

Ich habe es mir so schön vorgestellt.

Jacob öffnete sofort die Augen.

Ja. Ihr wart wirklich nett zusammen.

Und wir wären doch ein großartiges Paar gewesen!

Sicherlich.

Meinst du nicht auch, jemand kann sich täuschen und meinen, jemanden nicht lieb zu haben, und plötzlich merken, dass er doch ganz viel für den anderen empfindet, und es dann schrecklich bereuen, sich aber nicht trauen, denjenigen anzurufen, weil er doch gesagt hat, er liebe ihn nicht, kann das nicht sein, und ...

Ja, ja, ja. Klar, kann alles sein.

Der mitleidige Blick meines Hundes verriet mir, dass er mich als vollkommen unzurechnungsfähig einstufte.

Du hältst mich für komplett bescheuert!?

Nö, nicht komplett.

Das beruhigt mich.

Kannst du mal das letzte Lied auf der CD anklicken, die im Musikdingsda liegt?

Alexandra? Das kann doch jetzt echt nicht dein Ernst sein?!

Mach schon.

Ich drückte folgsam den entsprechenden Knopf auf der Fernbedienung, und es ertönte die rauchig leidende Stimme unserer Freundin. »Illusionen blüh'n im Sommerwind, treiben Blüten, die so schön, doch so vergänglich sind.«

Jacob, muss das sein?

Pst, hör zu!

»Illusionen hast du dir gemacht, denn der Mensch, den du einst liebtest, hat dich ausgelacht, und das Wolkenschloss, das du gebaut, stürzt ein in einer einz'gen Nacht.« Jacob jaulbrummte leise den Text mit, den er selbstverständlich auswendig kannte. »Illusionen blüh'nde Wirklichkeit zum Tanz der Jugendzeit. Ein erster Hauch von Leid wird sie verweh'n.«
Bis der CD-Player und Jacob endlich verstummten. Er blickte andächtig.

Na toll, soll mich das etwa trösten?

Aber ja.

Heute bin ich natürlich auch schlauer und weiß, dass ich Illusionen nachgehangen habe. Aber woher hätte ich es damals wissen sollen?!

Meinst du, Alexandra war Buddhistin? Oder eher Hindu?

Beides eher nicht so wahrscheinlich. Wie kommst du darauf?

Schon mal was vom Sams und Sara gehört?

Dem Sams?

Ja, oder so ähnlich. Das habe ich nämlich von dem Yogalehrer an meinem Strand gelernt: Die Welt ist nur Illusion, hat er gesagt. Und das hat er Sams und Sara genannt.

Ich glaube, du meinst »Samsara«.

Kann sein. So heißt das. Alles ist nur Illusion. Aber ihr Menschen hängt euer Herz daran, und deshalb leidet ihr.

Du glaubst also, die Leckerlis auf dem Tisch sind nur Illusion?

Die natürlich nicht! Die sind echt.

Alles klar. Aber meine Gefühle, die sind nicht echt?

Was du fühlst, ist bestimmt echt. Aber beruhen deine Gefühle nicht zu einem großen Teil auf Illusionen? Auf dem, was du gern hättest, und nicht auf dem, was ist?

Und seit wann bist du Fachmann fürs Verliebtsein?

Ich bitte dich! In meiner Heimat wurde schließlich der Bollywoodfilm erfunden! Und ich habe davon in den Strandrestaurants jede Menge genießen dürfen.

Ah ja.

Verliebte Gefühle sind fein. Nicht so fein ist, dass ihr euch von ihnen sofort kopflos machen lasst. Dann übernimmt euer Herz, und das liebt Illusionen! Und so nimmt das Elend seinen Lauf. Stimmt's?

Nicht immer. Manchmal entsteht aus dem Verliebtsein eine lange, intensive Beziehung. Aber ich gebe zu, nicht allzu oft.

Und dafür müsst ihr wieder und wieder solche Dramen veranstalten?

Tja, womöglich schauen wir wirklich zu viele Bolly- beziehungsweise Hollywoodfilme. Und haben in unseren Köpfen die Vorstellung kultiviert, dass die richtige Liebe genauso sein sollte wie im Kino.

Sorry, aber da sind die Inder echt ein bisschen vernünftiger als ihr. Sie lieben zwar auch die große Romanze, aber sie wissen, dass das so nur im Kino funktioniert. Deshalb leiden sie weniger als ihr, glaube ich. Und machen nicht solche Dramen aus verliebten Gefühlen, sondern dufte Filme.

Immerhin riss mich unser Gespräch ein wenig aus meinem Selbstmitleid. Es stimmte ja, ich hatte mir wirklich viele Illusionen gemacht, anstatt abzuwarten und den Dingen ihren Lauf zu lassen.

Als ich noch ein Welpe war, glaubte ich, dass die Filme aus den alten, scheppernden Fernsehern real waren. Dass sich die Dramen tatsächlich in den kleinen Kästen abspielten. Ich bellte die winzigen bunten Menschen an und regte mich oft schrecklich auf. Bis ich begriff, dass das alles Illusion war. Der Yogalehrer sagte, dass es mit der Welt genauso sei. Und dass es sich deshalb gar nicht lohne, sich aufzuregen.

Da ist wohl was dran.

Es lebt sich viel leichter, wenn hund nicht aus allem ein Drama macht.

Meinst du vielleicht so ein Drama, wie du es abziehst, wenn ich Pizza esse? Und du dich – obwohl du weißt, dass du nichts davon abbekommen wirst – benimmst wie ein Junkie auf Entzug?

Was ist ein Junkie?

Jemand, der sehr abhängig ist von etwas und sich schrecklich fühlt, wenn er es nicht bekommt.

Du meinst, ich bin ein Pizza-Junkie?

Nee, das wäre wohl etwas übertrieben. Aber steigerst du dich nicht gelegentlich in die Illusion, wie es ist, Pizza zu essen? Und kann es nicht sein, dass deine Vorstellung davon viel, viel schöner ist, als wirklich Pizza zu essen?

So wie deine Vorstellung von der großen Bollywoodliebe?

In Gedanken scannte ich die nicht gerade wenigen Situationen in meinem Leben, in denen ich mich mit der Verheißung auf die große Liebe völlig kirre gemacht hatte. Währenddessen nutzte Jacob meine Versunkenheit und versuchte, mit der Pfote die Leckerlis auf dem Tisch vor uns zu erreichen, was ihm aber nicht gelang.

Anscheinend neigen wir beide dazu, unser Herz an Illusionen zu hängen.

Vielleicht sollten wir Yoga machen?

Nicht so mein Ding.

Wie wär's, wenn wir uns gegenseitig helfen, immer wieder zurück in die Realität zu finden?

Ungefähr so wie: »Mein lieber Jacob, meine Pizza ist nur deine Illusion«?

Oder wie: »Tom, es sind nur Sams und Sara, wenn du dich mal wieder total über die Unfähigkeit anderer Autofahrer aufregst!«

»Deine Angst vor großen Hunden ist ein Film!«

»Deine Trübsal, wenn du im Buchgeschäft keine großen Stapel mit deinen Büchern findest, auch!«

Eigentlich gar keine so schlechte Idee, sich gegenseitig ein bisschen zu desillusionieren.

> Meine Laune hatte sich deutlich gebessert. Ich spürte jetzt tatsächlich mehr Abstand zu dem Korb, den ich bekommen hatte. Zwar war ich noch immer traurig. Aber ich konnte mein Gefühl und mich selbst ganz gut aushalten. Und das war schon mal ein guter Anfang.
> Jacob schob mir mit der Pfote die Fernbedienung herüber.

Lass uns noch etwas von Alexandra hören.

Aber bitte nicht noch so etwas Tiefsinniges!

MARSHMALLOWS

Hast du Lust auf ein Spiel?

> Generell ist Jacob Spielen gegenüber nicht abgeneigt. Nur lag er jetzt schon seit einer Weile faul auf der Terrasse in der Mittagssonne. Er hob seinen anscheinend sehr schweren Kopf um ein paar Millimeter und schaute mich mit glasigem Blick an.

Mich interessiert deine Sicht als Spezialist für alles Essbare.

> Ein plötzlich sehr wacher Hund blickte mich erwartungsvoll an.

Pass auf, es ist ganz einfach: Ich lege hier eines deiner Lieblingsleckerlis auf den Boden. Du kannst es dir nehmen. Wenn du es dir aber nicht sofort nimmst und es noch dort liegt, wenn ich gleich wiederkomme, bekommst du zwei Leckerlis. Verstanden?

Misstrauisch legte Jacob den Kopf schief und schaute mich an. Ich holte einen Katzen-Käsecracker hervor (den mein Kater verabscheute und den Jacob umso mehr liebte) und platzierte ihn direkt vor seiner Nase. Ohne auch nur eine Millisekunde zu zögern, schnappte er sich den Cracker und verschlang ihn. Ich war überrascht, dass er die Aussicht auf die doppelte Ausbeute offensichtlich nicht einmal für einen kurzen Moment in Betracht zog.

Äh, du hast schon verstanden, dass du dich gerade um das zweite Leckerli gebracht hast?

Und du hast schon verstanden, dass ich zur Spezies Canis lupus familiaris gehöre? Was soll denn das für ein perverses Spiel sein? Komm, rück das zweite Leckerli raus!

Mir war klar, dass die Sache gelaufen war. Ich gab ihm den Cracker, bemühte mich aber, die psychologische Ernsthaftigkeit meines Anliegens zu rechtfertigen.

Das ist ein Test, den man früher einmal so ähnlich mit Kindern gemacht hat: Man erklärte ihnen, dass sie gleich einen Marshmallow bekämen und der Testleiter dann den Raum verlassen würde. Würden sie ihn nicht essen, sondern warten, bis der Mensch zurückkommt, bekämen sie zwei Marshmallows. Es ging darum, herauszufinden, welche Kinder bewusst ihre Lust auf eine Süßigkeit zugunsten einer höheren Belohnung kontrollieren konnten. Und was dies über ihre Persönlichkeit aussagte.

Na toll.

Tatsächlich zeigte sich später, dass die abwartenden Kinder als Erwachsene deutlich besser mit Frust und Stress umgehen konnten. Ein spannendes psychologisches Experiment, von dem ich gerade gelesen habe. Und ich fragte mich, wie wohl ein so intelligenter Hund wie du reagieren würde.

Deine Schmeicheleien kannst du dir sparen. Solche Kinderquälereien findest du amüsant?

Jacob wirkte wirklich empört (während er an mir vorbei in die Küche schielte, offensichtlich um zu prüfen, ob es dort womöglich weitere Leckerlis gab).

Vielleicht könnt ihr besser mit Frust umgehen als wir Hunde. Aber wir wissen, was mit einem Leckerli zu tun ist!

Vergiss es, war nur so 'ne Idee ...

Nee, vergesse ich nicht. Jetzt will ich dir mal was erklären, Herr Testleiter: Wenn es eine Spezies gibt, die das Verzichten zugunsten einer Belohnung in der Zukunft perfektioniert hat, ist es ganz sicher deine! Und das ist wirklich nichts, auf das ich sonderlich stolz wäre.

Wie meinst du das denn?

Jacob baute sich mit betont ernster Miene sehr aufrecht vor mir auf. Und mir war klar, dass einer seiner längeren pädagogischen Vorträge unausweichlich war.

Ich weiß ja, dass Menschen oft auf etwas Schönes hier und heute verzichten und behaupten, sie würden es später nachholen. Weißt du noch, was du mir von deiner Freundin Paula und ihrer Dings-Liste erzählt hast?

Von ihren Vorhaben, die sie nicht mehr umsetzen konnte?

Genau. Ihr findet es total vernünftig zu denken: Nö, ein Matschmällow muss grad nicht sein. Ich esse dann morgen zwei. Oder übermorgen drei.

Jacob sprach in einem Tonfall, den er gern nutzte, wenn er uns Menschen zitierte. Um so mit großer Freude die ganze Lächerlichkeit unserer Existenz zu entlarven. Er war jetzt offensichtlich in Stimmung dafür.

Ich habe den Eindruck, dass Menschen, die so etwas sagen, gar nicht ernsthaft daran glauben! Sie vertrösten sich nur selbst.

Aber warum? Für einen Hund ist das echt schwer nachzuvoll-
ziehen. Ganz besonders für einen Strandhund wie mich. Weißt
du, wenn es damals in Indien etwas zu essen gab, haben wir es
sofort und so schnell wie möglich verputzt. Denn wer wusste
schon, wann es wieder etwas geben würde? Und wenn jemand
mich streichelte, habe ich das genossen, solange es nur irgendwie
ging. So oft wird man nämlich als Strandhund nicht gestreichelt.
Wegen der Flöhe und so, glaube ich.

Meinst du, jemand von uns hätte auf irgendetwas verzichtet
und es auf morgen verschoben? Schließlich war uns bewusst, was
uns jederzeit passieren konnte. Du kennst ja auch die Geschich-
ten, wie mit Streunern in Indien umgegangen wird.

Leider ja.

Glauben Menschen wirklich daran, wenn sie behaupten, dass
»Vorfreude die schönste Freude« sei? Es mag ja was dran sein,
wenn ich dir zuschaue, wie du eine Futterdose öffnest. Oder
wir auf dem Weg zur Hundewiese sind. Aber würdest du mir
sagen, dass es in vier Wochen das leckere Futter gibt und wir im
Frühling zur Hundewiese gehen ... Wie sollte ich mich darüber
heute freuen? Warum zur Hölle geben sich aber Menschen damit
zufrieden?

Jacob wusste, dass er recht hatte und gerade auf einem wunden
menschlichen Punkt herumritt, und genoss es offensichtlich
sehr. Dann verstummte er und sah mich von unten von oben
herab an.

Weißt du, manchmal ist jemand gar nicht so unglücklich darüber, etwas zu verschieben. Vielleicht weil er kalte Füße hat. Du
findest das wahrscheinlich schräg – aber Menschen fürchten sich
auch vor der Freiheit, ihr eigenes Ding machen zu können. Selbst
wenn sie darüber klagen, dass sie sich fremdbestimmt fühlen
und ihre Tage so schrecklich durchgetaktet sind.

Ich erwartete weitere Ausführungen über die Unzulänglichkeit
meiner Spezies. Aber Jacob blickte mich jetzt deutlich milder
an und meinte leise:

So ganz fremd ist mir das gar nicht. Wenn uns auf der anderen Straßenseite ein großer Hund begegnet und mich anmacht, belle ich zwar und zerre an der Leine und tue so, als würde ich nur zu gern rüberlaufen und der Töle ordentlich die Meinung sagen. Aber in Wirklichkeit bin ich ganz froh, dass du mich zurückhältst.

Tja, manchmal sind Menschen eben auch froh, an der Leine zu sein. Oder sie tun so, als würde eine Leine sie zurückhalten.

Jacob legte sich wieder in die Sonne, ließ den Kopf schwer auf seine Vorderpfoten sinken. Er schloss die Augen halb und schien nachzudenken, vielleicht über Hunde, Menschen und Leinen. Nach einer Weile hörte ich ihn aber rufen:

Hey, wieso hast du mir eigentlich vorhin keinen Matschmällow angeboten? Kenne ich zwar nicht, klingt aber sehr schmackhaft.

HEUTE WIRD EIN FEINER TAG!

Heute wird ein feiner Tag.

Häh?

Heute wird ein richtig feiner Tag!

Vielleicht für dich. Sicher nicht für mich. Steuererklärung, viele Termine, wichtige Veranstaltung vorbereiten müssen, null Bock, und schlecht geschlafen hab ich auch. Hast du übrigens schon mitgekriegt, dass es draußen nieselt?

Total verpennt saß ich auf der Bettkante und mochte noch gar nicht einsehen, dass der Tag begonnen hatte. Mein Hund stand schwanzwedelnd und offensichtlich allerbester Laune vor mir und strahlte mich an. Was man nicht unbedingt schätzt, wenn man zum Morgenmuffeln neigt.

Heute wird ein richtig feiner Tag.

Du wiederholst dich. Und ich habe, wie gesagt, ein paar Zweifel, was diesen Tag angeht.

Das machst du richtig super! Motivationspsychologisch echt beeindruckend, wie du dich auf dein Leben einstimmst. Das sollten deine Klienten und Leser mal mitbekommen.

So ein Vortrag war nun wirklich das Letzte, was ich gerade gebrauchen konnte.

Vielen Dank. Aber komm mir bitte erst nach der zweiten Tasse Kaffee mit deinem »feinen Tag«. Dann werde ich ganz sicher wieder der wandelnde Sonnenschein sein, den du kennst und liebst.

Gern geschehen. Du machst es dir heute nicht gerade leicht, oder?

Und du machst dir doch was vor! Denk nur mal daran, wie sehr du eine morgendliche Gassirunde im Regen verabscheust. Fängt so etwa ein »richtig feiner Tag« an? Und ganz nebenbei: Dein Lieblingsessen ist alle, es gibt heute nur Trockenfutter.

Ich spürte eine gewisse Befriedigung bei dem Versuch, Jacobs penetrant gute Laune ein bisschen zu mir herunterzuziehen. Schadenfreude hebt bekanntlich das eigene Wohlbefinden. Hier allerdings ohne Erfolg, denn er schaute mich nur mitleidig an.

Weißt du, wie die Leute an meinem Strand morgens ihren Tag begannen?

Nö.

Und ich wollte es momentan auch überhaupt nicht wissen!

Einige von ihnen machten Yoga oder beteten, und andere schauten einfach der Sonne beim Aufgehen zu. Und wenn sie dann gingen, sahen sie sehr entspannt aus. Manche lächelten sogar vor sich hin.

Na, die saßen auch bei 25 Grad am Indischen Ozean unter Palmen im Sand! Da würde es mir auch deutlich leichter fallen, den Tag super zu finden. Und vor mich hinzulächeln.

Ich glaube nicht, dass das Leben der Menschen dort immer das pure Honigschlecken ist ...

Bitte, jetzt nicht auch noch die moralische Nummer! Ich lenkte ab:

Willst du mir ernsthaft vorschlagen, Yoga zu machen und zu beten und an den schönen Sonnenaufgang – hinter fetten Regenwolken – zu denken? Vor dem Frühstück?

Jacob stieß angesichts von so viel Ignoranz nur ein Seufzen aus.

Nee, ein kleines bisschen kenne ich dich ja inzwischen. Aber meinst du nicht, dass du dir zumindest ein wenig Mühe geben und dich nicht so bereitwillig von deinem ganzen morgendlichen Gedankenrotz steuern lassen könntest?

Gedankenrotz?

Für dich und die meisten Menschen, die ich kenne, ist das total selbstverständlich: Da stehen ein paar unangenehme Sachen an. Die machen vielleicht nicht unbedingt gute Gefühle. Ist eben so. Aber müsst ihr euch wirklich so sehr daran aufhängen und davon runterziehen lassen?

Ähm.

Ich weiß ja auch, dass wir gleich raus in den Regen gehen und nass werden und ich das nicht so toll finden werde. Und dass mein Frühstück dann aus dem langweiligen Trockenfutter bestehen wird. Übrigens: Wieso kriegst du es eigentlich nicht hin, rechtzeitig vernünftiges Fressen zu besorgen?

Hm.

Aber wenn ich mich jetzt wie du auf die unschönen Dinge kon-
zentrieren würde, bekäme ich natürlich auch miese Gefühle. Und
dann würde ich wohl noch mehr daran denken und mich noch
mieser fühlen und so weiter. Was hätte ich davon? So blöd ist
doch kein Hund!

Und deshalb redest du dir ein, dass heute ein guter Tag wird?

Nö, nicht einreden. Ich mache das wie beim Stöckchenwerfen:
Wenn ich weiß, dass du es gleich wirfst, stelle ich mich so hin,
dass ich sofort losrennen kann. Dann kribbelt es schon überall in
mir, und ich spüre die Vorfreude auf das Rennen. Morgens nach
dem Aufwachen mache ich das genauso. Ich stelle mich in meinem
Kopf so hin, dass ich bereit bin für einen schönen Tag.

Was, wenn es dann aber doch kein so schöner Tag wird?

Na, das überlege ich mir, wenn es so weit ist. Aber tatsächlich
sind auch weniger tolle Sachen gar nicht so schlimm, wenn hund
entschlossen ist, Spaß zu haben und es sich gut gehen zu lassen.
Umgekehrt funktioniert es offensichtlich genauso: Wenn mensch
sich darauf einstellt, dass ein richtig mieser Tag auf ihn wartet –
wie wahrscheinlich ist es dann wohl, dass er tatsächlich so mies
wird?

Okay, mein Hund hatte nicht ganz unrecht. Nicht selten ver-
miese ich mir einen Tag durch meine negativen Erwartungen.
Meinen Gedankenrotz, wie Jacob es vornehm formulierte.

Klingt ganz vernünftig. Vielleicht sollte ich das auch mal
ausprobieren.

Vielleicht.

Also, heute wird ein guter Tag.

Genau.

Ein richtig guter Tag! Trotz Regen und Steuererklärung.

Daran denken wir jetzt gar nicht.

Einfach, weil wir wollen, dass es ein guter Tag wird.

Weil wir das hier und jetzt so beschließen!

Jacob grinste mich breit an – sehr zufrieden über seinen therapeutischen Erfolg.

Das ist ein bisschen albern, oder?

Hat nicht jeder Hund und jeder Mensch das Recht, ein bisschen albern zu sein?

Ich denke schon.

Jetzt musste ich auch grinsen. Meine Morgenmuffeligkeit war auf dem Rückzug, und ich fühlte mich fast schon ein bisschen gut. Wir schauten eine Weile schweigend aus dem Fenster ins vertraute Hamburger Grau-in-Grau.

Ist schon merkwürdig. Wir sind so komplexe Wesen mit einer echt komplizierten Psyche. Und dann beschließen wir einfach nur, dass der Tag richtig gut wird, und siehe da: Tatsächlich hebt sich unsere Laune, und wir sehen die Dinge positiver.

Vielleicht ist es so wie mit euren kleinen Computerdingsdas: Die sind bestimmt auch ganz schön kompliziert. Aber jemand, der die Gebrauchsanweisung studiert hat, kommt damit gut klar. So wie du. Aber jemand wie zum Beispiel Anne, die immer nur wild drauf herumtippt und flucht und verzweifelt – na ja, die hat nicht so viel Spaß damit, oder?

Du meinst, wir sollten einfach nur mal die Gebrauchsanweisung für uns selbst lesen?

Gibt's für euch etwa eine Gebrauchsanweisung? Die hätte ich gern!

Ich auch. Gibt's aber leider nicht.

Ich dachte darüber nach, dass so eine Gebrauchsanweisung gar keine schlechte Idee wäre. Die sollte jeder von uns zur Geburt mit auf den Weg bekommen.

Und merkst du es schon?

Hm?

Was für ein richtig feiner Tag das ist!

Musst du eigentlich immer das letzte Wort haben?

Nö.

WENN GEDANKEN WEHTUN

Lass das bitte.

Was?

Hör bitte auf, so zu starren.

Hm?

Wie immer, wenn ich Pizza aß, durchlief meinen Hund eine wundersame Verwandlung. Erstarrt zur Salzsäule – als hätte er gerade das brennende Gomorrha gesehen –, saß er neben dem Tisch. Jedes Stück, das vom Teller in Richtung meines Mundes wanderte, verfolgte er mit hundertprozentiger Aufmerksamkeit.

Lass das bitte.

Was?

Du starrst immer noch.

Wie?

Der Anblick von Pizza reduzierte Jacobs kognitive Fähigkeiten offensichtlich auf das Niveau einer Nacktschnecke. Erst wenn ich den allerletzten Krümel verspeist hatte, war mein Hund wieder ansprechbar.

Ich mag das nicht.

Ich kann nicht anders.

Würde es dir etwa gefallen, wenn ich neben deinem Futternapf hocken und dir bei jedem Bissen bis ins Maul schauen würde?

Ich würde es gar nicht merken.

Natürlich nicht.

Damit betrachtete ich den nicht gerade fruchtbaren Dialog als beendet. Aber anstatt wie üblich mit der leidenden Miene eines verhungernden Straßenhundes zurück in sein Körbchen zu schleichen, blieb Jacob vor mir sitzen. Und schien nachzudenken. Nach einer Weile murmelte er:

Ich weiß es auch nicht.

Was weißt du nicht?

Warum ich einfach nicht anders kann, wenn ich so etwas Köstliches wie Pizza sehe. Mir ist ja bewusst, dass du mir nichts davon abgeben wirst – was ich übrigens grausam und extrem unfair finde.

Ich hab's dir ja schon oft erklärt: Als du damals in Indien noch ein Streuner warst, habe ich dir gern von meinem Essen abgegeben. Aber hier bekommst du gesundes, artgerechtes Hundefutter.

Spießer.

Jacob leckte sich eine Pfote und tat beleidigt. Bis er sich wieder mir zuwandte.

Wenn ich Pizza sehe und rieche, kann ich nichts anderes denken als»Ich muss Pizza haben!«. So wie andere Hunde nicht anders können, als einem Ball hinterherzujagen. Obwohl wir ja an sich eine intellektuell brillante Spezies sind.

Ohne Frage. Aber gelegentlich schaltet sich euer brillantes Gehirn offensichtlich total ab.

Das geht euch nicht so?

Nur in extremen Situationen. Wenn wir in Panik geraten zum Beispiel.

Sonst nicht?

Nö.

Auch nicht, wenn ...

Jacob machte eine dramaturgische Pause und tat, als würde er zögern, mir zu widersprechen. Aber ich sah ihm an, wie sehr er schon jetzt genoss, mir gleich unter die Nase zu reiben, wie total falsch ich mal wieder lag.

... na ja, wenn du dich beispielsweise über etwas ärgerst und dann stundenlang vor dich hinrollst? Wie gestern, als ich mich dem feinen Essen im Gebüsch widmete.

Du meinst, als du plötzlich wie von der Tarantel gestochen wegranntest – über die Straße! –, um möglichst viel von dem Müll, der dort lag, herunterzuschlingen, bis ich dazwischengehen konnte?

Ich finde diese Darstellung sehr verzerrt. Aber auf jeden Fall hatte ich den Eindruck, du konntest mindestens eine Stunde gar nicht klar denken. Weil deine Wut auf mich dein Gehirn abgeschaltet hatte, oder?

Tatsächlich war ich sehr, sehr böse auf ihn gewesen. Weil es Jacob kein bisschen kümmerte, was ich ihm immer wieder über die Gefahren des Müllfressens predigte. Ganz zu schweigen vom Überqueren befahrener Straßen! So böse, dass ich wirklich nicht klar denken konnte.

Mag sein.

Und wie oft erzählen dir Menschen von ihrem Ärger, der sie dazu bringt, gar nicht anders zu können, als blöde Sachen zu denken und zu machen?

Stimmt. Und das gilt ja leider nicht nur für Ärger oder Groll. Auch wenn uns zum Beispiel etwas schrecklich peinlich ist und wir uns schämen, wird es schwierig mit dem klaren Denken.

Da war doch dieser Herr, der dir neulich erzählte, wie er von seiner Chefin kritisiert worden war. Ich habe beobachtet, wie er ganz rote Ohren bekam, als er darüber sprach. Weil er sich so sehr schämte. Und zuerst gar nicht sehen konnte, dass eigentlich gar nichts Peinliches passiert war.

Tja, solche Situationen kennt wohl jeder von uns. Wenn es sich anfühlt, als hätten wir Nebel im Hirn.

Oder wenn jemand zu dir kommt, weil er so schlimme Selbstzweifel hat. Und deshalb sogar noch böse auf sich selbst ist. Du musst dich dann richtig doll anstrengen, um ihm zu helfen, wieder etwas klarer zu denken. Und zu verstehen, wie gemein er mit sich umgeht.

Manche Menschen denken wirklich sehr schlecht über sich selbst, ohne zu merken, wie unpassend und unfair das ist.

Jacob starrte eine Weile auf den leeren Teller, auf dem eben noch meine Pizza gelegen hatte.

Ihr denkt so viel über euch nach und habt so viele Gedanken in euren großen Köpfen. Da müsstet ihr doch eigentlich eine riesengroße Auswahl haben, aus der ihr die besten und schönsten Gedanken auswählen könnt. Warum sucht ihr euch so oft die schlimmen Gedanken aus? Die euch wehtun?

Ich weiß auch nicht, warum wir uns nicht öfter für angenehmere Gedanken entscheiden. Manchmal sind solche schlimmen Gedanken über uns selbst so stark, dass wir kaum anders können, als sie zu glauben.

Obwohl ihr eigentlich wisst, dass sie gar nicht stimmen?

Obwohl wir das eigentlich wissen. Jedenfalls, wenn sich der Nebel im Kopf gelichtet hat. So wie du auf meine Pizza starrst, obwohl du eigentlich weißt, dass du nichts davon abbekommst.

Mit dem kleinen Unterschied, dass Pizza eine äußerst feine Sache ist! Nicht wie eure unfeinen Gedanken. Oder dein schlaffer Bauch.

Wie bitte?!

Ich krieg doch mit, wie du manchmal vorm Spiegel stehst und dabei traurig oder richtig entsetzt auf deinen Bauch starrst. Als könntest du gar nicht glauben, dass er zu dir gehört.

Werde du erst mal über fünfzig!

Das würde ich ja gern, aber Hunde …

Entschuldigung.

Ist schon okay.

Weißt du, einerseits ist mir ja bewusst, dass meine Figur für einen über Fünfzigjährigen ganz okay ist und ich zufrieden sein sollte. Aber manchmal kann ich eben nicht so klar denken, und dann tut es einfach nur sehr weh, nicht mehr auszusehen wie ein junger Mann.

Das ist ziemlich dumm, oder?

Klar ist das dumm. Weil wir ja wirklich eine große Auswahl an netteren Gedanken haben. Aber es ist oft schwere Arbeit, sich an die guten zu halten. Und sich von den weniger guten nicht fertigmachen zu lassen.

Jacob nickte und schaute mich dann mit einem strahlenden Lächeln an.

Ich hab 'ne superfeine Idee!

Ja?

Wir gehen das gemeinsam an: Ich trainiere, dich Pizza essen zu lassen und dabei locker zu bleiben. Und du trainierst, dich im Spiegel anzuschauen und dabei nett über deinen Körper zu denken. Okay?

Umgekehrt wäre es mir lieber …

Jetzt mach nicht so auf Weichei.

PSYCHOAUTODINGSDA

Was is'n das eigentlich, dieses Psychoautodingsda, vom dem die Dame eben sprach?

Jacob und ich nutzten die Zeit zwischen zwei Coachingterminen für eine kleine Pause im Innenhof vor meiner Praxis.

Psychoanalyse?

Oder so.

Das ist ein Psychotherapieverfahren.

Hast du möglicherweise auch eine Erklärung, die ein Hund mit Migrationshintergrund kapiert, dem nicht die Chance zu studieren zuteilwurde?

Ist ziemlich kompliziert. Stell dir vor, jemand hat heute ein großes Problem mit sich selbst, das er nicht lösen kann. Das können beispielsweise schlimme Ängste sein. Dann versucht er zusammen mit seinem Therapeuten herauszufinden, was er ganz früh in seinem Leben erlebt hat, das dafür verantwortlich sein könnte.

Wie finden die das denn heraus?

Sie sprechen über die Träume des Menschen und analysieren sehr genau alle Erinnerungen an die Kindheit.

Und dabei liegen sie wirklich zusammen im Bett?

Wie kommst du denn darauf?

Hat die Dame das nicht gesagt?

Ach so ... Nein, der Klient liegt dabei auf einer Couch, und der Therapeut sitzt bei ihm.

Klingt gemütlich.

Das ließ ich mal so stehen.

Könnte ich auch eine Psychoautodingsda machen?

Warum solltest du?

Weil ich doch manchmal Angst vor anderen Hunden habe und sie anknurren muss. Obwohl ich es eigentlich gar nicht will.

Im Prinzip schon. Auch Menschen machen Therapien, weil sie sich auf eine Weise verhalten, wie sie es eigentlich gar nicht wollen.

Knurren die auch Leute an?

Eher selten. Aber meistens ist auch Angst im Spiel. Wie bei dir.

Und sie haben heute Angst, weil sie etwas Schlimmes erlebt haben, als sie noch Welpen waren?

Möglicherweise.

Jacob lief eine Weile schnüffelnd im Hof hin und her und kaute dann auf einem Grashalm herum wie oft, wenn er nicht so recht weiß, was er sonst tun soll. Schließlich legte er sich neben mich auf den Boden und sagte ganz leise:

Ich habe als Welpe ja auch Schlimmes erlebt. Als meine Mama verschwand und ich noch ganz klein war. Eines Tages war sie einfach nicht mehr da. Das geschah Hunden manchmal an meinem Strand. Keiner konnte mir sagen, wo sie war, und ich musste allein für mich sorgen.

Das war bestimmt schrecklich.

Ja. Glücklicherweise waren da noch andere junge Hunde ohne Eltern. Wir haben gegenseitig auf uns aufgepasst und uns an-

einandergekuschelt, wenn wir Angst hatten. Aber die konnten mir nicht helfen, als ich von den großen Hunden angegriffen wurde, die an unseren Strand kamen. Die waren plötzlich da, stürzten sich auf mich und haben mich schlimm gebissen.

Ich weiß.

Du weißt ja auch, dass ich danach lange sehr krank war. Und dass es da keinen Doktor gab so wie Inka, die sich heute um mich kümmert, wenn ich Bauchschmerzen habe oder mir die Pfote verletze.

Du musst wirklich einen Schutzengel gehabt haben, dass du das überlebt hast.

Mit Engeln kannte sich Jacob natürlich nicht aus, aber er fragte ausnahmsweise mal nicht nach. Zu sehr war er wohl mit seinen Erinnerungen beschäftigt. Die große Narbe auf seinem Rücken zeugt heute noch von der schlimmen Verletzung. Ich hatte an seinem Strand mehrmals erlebt, wie brutal die Hunde dort manchmal miteinander umgingen. Jeder kämpfte schließlich um sein eigenes Überleben.

Was ich aber nicht verstehe ...

Ja?

Ich erinnere mich sehr genau daran, wie es damals war. An die guten und die schlimmen Dinge. Und ich verstehe, dass ich wohl heute noch Angst vor größeren Hunden habe, weil ich damals von großen Hunden so gemein behandelt wurde.

Ich finde das auch sehr verständlich.

Nur, wenn jemand so eine Psychoautodingsda macht und sich dann daran erinnert, wie es früher bei ihm war, dann sollte die Angst doch heute weg sein, oder?

Das erwarten viele Menschen, die eine Psychotherapie machen. Nur funktioniert das leider nicht ganz so einfach. Es hilft zwar zu verstehen, woher unsere Angst kommt. Aber dann müssen wir trotzdem lernen, mit ihr umzugehen.

Und wie macht man oder hund das?

Indem man sich immer und immer wieder bewusst macht, dass die Angst, die man spürt, nichts mit der heutigen Situation zu tun hat.

Ist das so, wie wenn ich einen schlimmen Traum habe und dann ganz aufgeregt aufwache und erst langsam kapiere, dass ich nur geträumt habe?

Genau.

Jacob nickte.

Hast du auch solche Ängste von ganz früher, als du noch ein Welpe warst?

Ich habe wohl nicht so schlimme Sachen erlebt wie du oder manche Menschen. Aber ich war lange Zeit generell recht ängstlich. Ich traute mich vieles nicht – zum Beispiel jemandem zu sagen, dass ich nicht seiner Meinung war. Oder vor anderen Menschen zu sprechen. Und ich habe fast vierzig Jahre gebraucht, bis ich mich zum ersten Mal traute, allein nach Indien zu reisen. Obwohl ich schon als junger Mann davon geträumt hatte. Viele solche Sachen.

Und heute?

Heute spüre ich solche Ängste manchmal immer noch. Wir werden die wohl nie ganz los. Aber zum einen bedrängen sie mich nicht mehr so sehr und zum anderen muss ich ihnen nicht mehr automatisch folgen.

Hast du denn auch eine Psychoautodingsda gemacht?

So was Ähnliches.

Aha.

Jacob wirkte noch nicht ganz zufrieden.

Meinst du, ich kann das auch lernen? Zwar vor großen Hunden noch ein bisschen Angst zu haben, mich aber nicht mehr so auf-regen und knurren zu müssen?

Ganz sicher. Es braucht nur etwas Disziplin, und man muss es wirklich wollen.

Okay. Ich will. Ganz doll!

Dann schlag ich vor, dass du ab sofort, wenn wir auf einen Hund treffen, der dir Angst macht, stehen bleibst. Atme dann ein paarmal tief durch und denke daran, dass das ein ganz altes Gefühl ist. Vielleicht sagst du dir: Der tut mir nichts. Der will nur spielen.

Und das soll helfen?

Es ist ein Anfang. Außerdem bin ich ja auch immer dabei und kann dich daran erinnern.

Muss ich dabei auf einem Sofa liegen?

Das ist wohl nicht notwendig.

Anmerkung von Tom:
WIR SOLLTEN NICHT ALLES GLAUBEN, WAS WIR DENKEN

Unkonstruktive, zweifelnde, selbstkritische und pessimistische Gedanken standen meinem Glück leider ziemlich oft im Weg. Vor allem in meiner Jugend traute ich mir wenig zu und ließ mich viel zu sehr von Ängsten steuern. Kein Wunder, dass ich als junger Erwachsener begeistert war, als ich das sogenannte »positive Denken« für mich entdeckte. Endlich eine Möglichkeit, meine Psyche umzukrempeln und ein sonnigeres Gemüt zu entwickeln!

Ich verschlang Bücher, in denen erklärt wurde, wie man sein Denken neu programmieren könne. Die Sache klang ganz einfach und damit sehr attraktiv: Man müsse nur lernen, alle negativen Gedanken konsequent in den Hintergrund zu drängen und ausschließlich positive zuzulassen. Wer positiv denkt und nur das Gute beim Universum bestellt, ist gesund und hat ein wundervolles Leben. Und immer einen freien Parkplatz. Und wer schlecht drauf ist oder krank oder wessen Leben nicht rund läuft, der denkt eben nur nicht positiv genug und ist folglich selbst schuld.

Leider stellte ich bald fest, dass diese großartige Theorie (abgesehen davon, dass es mit dem freien Parkplatz nicht funktionierte) Nebenwirkungen hatte: Mir gelang es zwar, die Schattenseiten meiner Psyche für eine Weile zu verdrängen – aber natürlich meldeten sie sich bald umso heftiger zurück. Logisch – weiß ich heute –, sie waren schließlich tief in meinem Betriebssystem verankert. Aber ich rutschte noch tiefer in Selbstvorwürfe und Niedergeschlagenheit. Bis mir irgendwann dämmerte, dass nicht ich schräg war, sondern womöglich mit der Methode etwas nicht stimmte.

Jahre später als frischgebackener Psychologe und Therapeut hatte ich gelernt, dass unsere Psyche zu komplex ist, als dass man sie so einfach ummodeln könnte. In meinem Verständnis waren jetzt *jeder* Gedanke und *jedes* Gefühl wichtig und unbedingt relevant. Ich war mir sicher, es diene meiner seelischen Gesundheit, allem nachzugehen, was sich in meinem Hirn und Herzen zu Wort meldete. In jedem noch so negativen Gedanken sah ich den Ausdruck eines bedeutsamen inneren Prozesses.

Ich hoffte, meine Ängste und Zweifel zu überwinden, indem ich herausbekam, *warum* ich dachte, wie ich dachte. Zwar lernte ich viel über mich, was bestimmt eine gute Sache war, aber negative Gedanken und Gefühle standen noch genauso an meinem inneren Steuer und bestimmten weiterhin meinen Kurs.

Heute halte ich es eher mit dem Komiker Heinz Erhard, der einmal sagte: »Sie dürfen nicht alles glauben, was Sie denken.« Unsere grauen Zellen produzieren eine Menge mentalen Kuddelmuddel. Und unser Ich ist nicht so einheitlich, wie wir denken und es gern hätten, sondern eine ziemlich vielstimmige und widersprüchliche Veranstaltung. Welche Gedanken und Gefühle darin die Oberhand behalten, ist vor allem abhängig davon, wie lange wir sie schon trainieren und kultivieren. Wenn ich zum Beispiel schon seit Ewigkeiten glaube, hilflos und schwach zu sein, ist dieser Glaube wie ein gut trainierter Muskel, der sich bei jeder Gelegenheit nach vorne drängt und die realistischere Erkenntnis, dass ich durchaus aktiv sein und Dinge verändern kann, niederbrüllt.

Ich habe festgestellt, dass es für meine seelische Gesundheit und mein Lebensglück nicht so wichtig ist, welche destruktiven und entmutigenden Gedanken in meinem Hirn unterwegs sind. Die viel wichtigere Frage ist: Wie gehe ich mit ihnen um? Überlasse ich ihnen das Steuer und glaube alles, was ich denke? Oder schalte ich häufiger mein Großhirn ein und frage mich, was ich wirklich von mir und der Welt halte? Und welche innere Haltung die klügste wäre?

Immer wieder habe ich mir Fragen gestellt wie: Will ich mich skeptisch betrachten oder wohlwollend? Möchte ich tendenziell eher an mir zweifeln oder mir etwas Gutes zutrauen? Entscheide ich mich für eine eher optimistische oder pessimistische Grundhaltung? Wie will ich mit meinen Sehnsüchten umgehen? Begnüge ich mich damit, meine Motive zu erforschen, oder frage ich mich auch, wie ich meine PS auf die Straße bekomme? Und möchte ich wirklich von meiner morgendlichen miesen Laune meine Haltung zu diesem neuen Tag bestimmen lassen?

Ich bin davon überzeugt, dass wir uns solche Fragen stellen und uns um möglichst konstruktive Antworten bemühen sollten. Der Rest ist eine Frage des Trainings. Auch wenn dies sicherlich kein Spaziergang ist. Man muss ja nicht gleich eine Psychoautodingsda machen.

UNSER INNERER KUDDELMUDDEL AUS SORGEN, WÜNSCHEN, ZWEIFELN, HOFFNUNGEN UND SEHNSÜCHTEN IST SEHR MENSCHLICH UND NORMAL. WIE WIR MIT IHM UMGEHEN, WELCHEN GEDANKEN UND GEFÜHLEN WIR FOLGEN UND WELCHEN NICHT, LIEGT BEI UNS.

4. KAPITEL

WAS HABE ICH DAVON, WENN ICH NETT BIN?

ALIENS IM BERUFSVERKEHR?

Pst.
Komm mal runter.
Ey, komm mal runter!

Entgegen unseren sonstigen Gewohnheiten waren wir früh-morgens mit der U-Bahn unterwegs. Weil ich noch ziemlich schläfrig war, bekam ich Jacobs Kontaktversuche zuerst gar nicht mit. Jetzt beugte ich mich zu ihm hinunter, seinen Kopf zwischen den Knien.

Was ist denn los?

Das frage ich mich auch! Was ist mit diesen Leuten los? Ist ihnen etwas Schlimmes geschehen? Muss ich mir Sorgen machen?

Wie Sie, liebe Leser, ja inzwischen mitbekommen haben, neigt mein Hund gelegentlich zur Übertreibung, gern mit einem Schuss Dramatik. Nur hatte ich jetzt keinen Schimmer, welches mutmaßliche Drama ihn gerade beschäftigte.

Bitte?!

Na, sieh dich doch mal um! Fällt dir wirklich überhaupt nichts auf?

Mir fiel tatsächlich nichts Ungewöhnliches auf. Die Mehrzahl der mitfahrenden Menschen starrte auf ihre Smartphones. Einige wenige in Bücher. Und der Rest schaute einfach vor sich hin. Keiner verzog eine Miene. Natürlich nicht. Es war acht Uhr morgens, und wir saßen in einer Hamburger U-Bahn im Berufs-verkehr. Wahrscheinlich hätte mein Hund hier auch in einem Basträckchen den Hula tanzen können, und keiner hätte davon Notiz genommen.

Ich vermute, die sind alle Aliens zum Opfer gefallen, die ihre Körper übernommen haben. Siehst du nicht, wie hier niemand auch nur einen Gesichtsmuskel bewegt?

Die trashige US-amerikanische Science-Fiction-Schmonzette, die wir am Abend zuvor gesehen hatten, regte offenbar Jacobs Fantasie an. Ich entschied mich, ihn vorerst zu ignorieren. Etwas später, zurück im Tageslicht, legte er aber sofort wieder los:

Wow! Das war echt unheimlich, oder?

Jacob, wenn Menschen morgens, wahrscheinlich noch schwer verpennt, auf dem Weg zur Arbeit sind, ist es doch nachvollziehbar, wenn sie nicht vor Lebenslust vibrieren.

Mir fiel schon auf, als wir den Waggon betraten, dass etwas merkwürdig war. Keiner schien meine Anwesenheit zur Kenntnis zu nehmen.

Man muss dazu wissen, dass mein Hund – wenn ich ihn ließe – am liebsten jeden Mitreisenden in Bus oder Bahn persönlich begrüßen würde. Natürlich um ihn nebenbei auf nicht mehr benötigte Speisereste anzusprechen. Aber auch, weil Jacob einfach ein netter, kontaktfreudiger Hund ist.

Okay, also keine Aliens. Aber du findest das ganz normal?

Völlig normal. So eine morgendliche U-Bahn-Fahrt ist eben keine Spaßveranstaltung. Auch wenn du das nicht nachvollziehen kannst.

Wäre es aber nicht viel angenehmer für alle Beteiligten, wenn man sich morgens zumindest anlächelte? Und vielleicht ein wenig über sein Frühstück und die Verdauung plauderte?

Wie Hunde es machen?

Genau.

Es mag dich schockieren, aber mich interessiert die Verdauung meiner Mitmenschen eher weniger.

Darum geht's doch gar nicht. Sondern um das Nett-miteinander-Sein! Weil Nettsein das Leben einfach viel schöner macht.

Meinst du?

Na klar! Wieso fällt euch Nettsein eigentlich so schwer?

Findest du mich etwa nicht nett?

Klar bist du nett. Ich finde, die allermeisten Menschen sind nett – jedenfalls wenn man sie freundlich anspricht. Ich befürchte nur, dass die meisten von euch davon ausgehen, dass eure Mitmenschen nicht nett sind.

Wie kommst du denn darauf?

Beschweren sich die Leute, die zu dir kommen, nicht regelmäßig darüber, dass man sie nicht nett behandelt? Die Kollegen im Job, die Familie oder sogar Freunde. Und ihren Nachbarn trauen doch auch viele gar nicht über den Weg, oder?

Das mag sein.

Jacob blieb stehen und schaute zu mir hoch.

Weißt du, in Indien war das ganz anders. Dort lächelten die Menschen viel öfter als hier. Und wenn sie nicht so recht wussten, was sie von anderen Leuten halten sollten – dann lächelten sie einfach mal.

Das ist mir dort auch aufgefallen.

Aber ihr? Schaut im Zweifelsfall lieber erst mal grimmig. Oder tut so, als würdet ihr euer Gegenüber gar nicht wahrnehmen. Besser ignorieren als freundlich gucken. Warum eigentlich?

Vielleicht befürchten wir, uns zum Affen zu machen, wenn wir jemanden Unbekannten nett anlächeln.

Wieso zum Affen?

Ist so 'ne Redensart.

Schräg.

Wenn ich von Reisen nach Australien, Thailand oder besonders aus Indien zurückkam, war ich oft noch im Lächel-Modus und schaute die Leute auf der Straße freundlich an. Einige lächelten dann auch – vielleicht etwas überrascht – zurück. Aber die meisten wirkten verunsichert und schauten schnell weg. Womöglich erschien es ihnen sogar irgendwie verdächtig: »Wer ohne Grund nett guckt, will bestimmt irgendwas Unangenehmes von mir.«

Sehr merkwürdig.

Finde ich auch.

Wenn ich Menschen freundlich anschaue, lächeln fast alle zurück.

Stimmt, seitdem ich mit dir gemeinsam durchs Leben spaziere, erlebe ich das auch. Du lächelst jemanden an, der lächelt uns beide an, ich lächele auch – und vielleicht tauschen wir dann sogar ein paar freundliche Worte aus.

Das ist doch schön, oder?

Klar! Ich merke sogar, dass ich nach einigen solcher Begegnungen viel bessere Laune habe. Besonders am Morgen, wenn ich gewöhnlich noch nicht meine Tageshöchstform erreicht habe.

Und dafür braucht ihr einen Hund? Um nett zu anderen Menschen zu sein?

Tja, das ist wohl tatsächlich ein bisschen merkwürdig.

Wenn ich so ein Psychologe wäre wie du und Menschen mich um Rat fragten, wie sie glücklicher leben könnten ...

Er machte eine dramaturgische Pause.

... dann würde ich ihnen erst mal raten, freundlicher zu ihren Mitmenschen zu sein. Jemandem mal was Nettes zu sagen. Oder den Menschen, der neben einem an der Bushaltestelle steht, einfach mal anzulächeln. Und wenn der das schräg findet, was soll's?!

Ich glaube, das würde Menschen tatsächlich ein bisschen glücklicher machen. In vielen Ländern hat man das wohl auch verstanden. Bei uns neigt man dazu, grundlose Freundlichkeit als oberflächlich abzutun.

Was ist denn verkehrt an einer freundlichen Oberfläche?

Das frag ich mich auch. Aber ich habe schon oft, wenn ich von gut gelaunten Menschen in anderen Ländern erzählte, den Kommentar bekommen, dass deren Freundlichkeit ja aufgesetzt und oberflächlich sei und damit falsch.

Das finde ich ausgesprochen dumm!

Ich glaube, viele Menschen fühlen sich sicherer, wenn sie möglichst wenig von sich selbst zeigen. Vor allem ihre weiche, freundliche Seite.

Wie die Leute in der U-Bahn.

Vielleicht.

Weil sie keine Affen sein wollen?

Genau.

Wieder was gelernt: Ihr seid keine Aliens und befürchtet, dass man euch für Affen hält.

SORGEN MACHEN

Ich musste an diesem schönen Tag erst später zur Arbeit, und so beschlossen wir, ein paar Stunden auf der großen Wiese im Park zu verbringen. Während ich auf einer Decke lag und las, flanierte Jacob umher, traf andere Hunde und suchte wahrscheinlich bei der Gelegenheit nach Essbarem. Vertieft in mein Buch hatte ich wohl die Zeit aus den Augen verloren, schaute nach meinem Hund und konnte ihn nirgendwo erblicken.

Zuerst suchte ich nur mit den Augen, ging dann herum, rief seinen Namen und guckte hinter jeden Baum und Busch. Langsam stieg Panik in mir auf. Er würde schon okay sein, versuchten mich Leute zu beruhigen, aber ich lief immer schneller und rief lauter. Bis Jacobs Kopf unter einem Rhododendron erschien und er seelenruhig zu mir herübergebummelt kam.

Was is'n los? Wieso guckst du so verkrampft? Habe ich was verpasst?

Wo warst du so lange?

Es hat da hinten so interessant nach Kaninchen gerochen. Dem sind Benny und ich selbstverständlich nachgegangen. Wolltest du mitkommen?

Eher nicht, aber ich habe mir große Sorgen gemacht!

Und haben sie dir Freude bereitet?

Wie bitte?! Willst du mich …

Was sind denn eigentlich Sorgen?

Fassungslos glotzte ich mein Tier an.

Ist das dein Ernst? Du weißt nicht, was Sorgen sind?

Jacob schüttelte den Kopf und ließ seine Schlappohren entschuldigend sinken.

Ich fasse es nicht. Mein Hund interessiert sich für Psychoanalyse, aber weiß nicht, was Sorgen sind?

Na, dann erklär's mir eben. Wird schon nicht so kompliziert sein, oder?

Ich musste ein paarmal tief durchatmen, bis sich meine Aufregung legte.

Also, Sorgen sind ein Gefühl, das alles andere als angenehm ist. Oft gelten sie den Menschen, die uns am Herzen liegen. Und natürlich unseren Hunden. Wenn wir uns sorgen, befürchten wir etwas Schlimmes. Und stellen uns vor, was das Schlimme sein könnte, und das macht uns natürlich noch mehr Sorgen.

Jacob blickte mich skeptisch an.

Und du hast dir eben also Sorgen um mich gemacht?

Genau.

Wieso denn?

Ich habe dich nicht mehr gesehen und bekam Angst, dir könnte etwas passiert sein.

Was sollte mir denn hier im Park passieren?

Na ja, du könntest dich zum Beispiel verlaufen oder plötzlich einen Schreck bekommen und dann aus dem Park rausrennen und dich verirren und ...

Darf ich dich daran erinnern, dass du hier derjenige mit dem echt miesen Orientierungssinn bist? Warum sollte ich mich verlaufen? Oder in Panik geraten? Wo doch offensichtlich eher du zur Panik neigst?

Ich hab mir eben Sorgen gemacht.

Und wann hab ich mich je verirrt?

Noch nie. Aber ich hab mir eben Sorgen gemacht.

Mir war bewusst, dass ich wie ein trotziges Kind klang, das gerade mit der Hand in der Keksdose erwischt worden war.

Auch wenn du das nicht nachvollziehen kannst: Es ist wirklich nicht schön, wenn man sich Sorgen macht!

Na ja, es ist auch nicht schön, gegen den Pritzelzaun zu pinkeln. Und du hast mir geraten, ich solle es doch einfach sein lassen. Was ja ein guter Tipp war.

Wir ließen uns auf unserer Decke nieder, und ich bemühte mich, etwas Vernunft und Verständnis in das Gespräch zu bringen.

Frag mal Eltern – die machen sich ziemlich oft Sorgen um ihre Kinder. Weil sie sie lieb haben und befürchten, ihnen könnte etwas geschehen.

So wie deine Mama, die sich schon sorgt, wenn wir nur ein paar Tage im Harz wandern gehen?

Genau so. Sie macht sich eben auch Sorgen um ihren Sohn.

Der ja eigentlich nicht mehr ganz klein und hilflos ist. Versuchst du ihr dann nicht auch zu erklären, wie unsinnig ihre Sorgen sind?

Schon ...

Könnt ihr euch nichts Sinnvolleres machen als Sorgen? Einen Kuchen oder ein schönes Gedicht?

Sehr witzig. Als du damals ohne mich in Indien auf deine Ausreise gewartet hast, hab ich mir schreckliche Sorgen gemacht.

Und da hätte dir ja wirklich eine Menge Schlimmes geschehen können.

Und du hast dir sicherlich alles genau vorgestellt, was schiefgehen könnte? In Farbe und 3D?

So ungefähr.

Hat es dir denn geholfen? Oder mir? Haben deine Sorgen es dir irgendwie leichter gemacht?

Nicht unbedingt, sie haben mich eher noch mehr beunruhigt.

Alles klar. Keine weiteren Fragen.

Jacobs Blick wanderte nach oben, und er tat so, als würde er sich brennend für die Baumkronen interessieren, und versuchte dabei, etwas zu pfeifen. Was ihm natürlich nicht gelang.

Ich fühle mich irgendwie nicht ernst genommen.

Pffffffffffffff.

Machst du dir denn nie Sorgen?

Nö.

Nicht mal, als du noch ohne mich an deinem Strand gelebt hast? Wenn du nichts zu essen hattest? Oder die Menschen und Hunde gemein zu dir waren? Oder als ich dich in der Hundepension allein ließ?

Da hatte ich dolle Angst. Manchmal sogar Panik. Aber wieso hätte ich mir vorstellen sollen, wie es noch schlimmer werden könnte? Mir haben eher schöne Gedanken geholfen. An dich und wie es sein wird, wenn du zurückkommst und mich holst.

Vielleicht verfügt das menschliche Gehirn einfach über ein größeres Vorstellungsvermögen.

Herzlichen Glückwunsch! Ihr könnt euch echt tolle Sachen vorstellen!

Über seine eigene Bemerkung fing Jacob an zu kichern und steigerte sich dann in einen Lachkrampf, bis er sich vor mir auf dem Rücken hin und her kugelte und ihm die Tränen aus den kleinen braunen Augen liefen. Eigentlich wollte ich noch ein bisschen beleidigt und besorgt sein, aber Jacobs Lachen war so ansteckend, dass ich nicht anders konnte, als mitzumachen. Es dauerte eine Weile, bis wir uns beruhigt hatten.

Du magst es komisch finden, aber Menschen neigen nun einmal dazu, sich Sorgen zu machen. Nicht nur über andere Menschen und Hunde. Auch über ihre Zukunft und die Gesundheit. Und ihre Arbeit und ...

Ihr seid einfach zu putzig,

unterbrach er mich, und seinen feuchten Augen und dem zusammengekniffenen Kiefer war anzusehen, dass der nächste Lachanfall nah war.

Ich nehme dich nachher lieber nicht mit in die Praxis.

Wieso? Vielleicht hätte ich das eine oder andere beizutragen, wenn jemand mit Sorgen zu dir kommt.

Genau das befürchte ich!

»*Machen Sie sich keine Sorgen, sondern lieber Abendbrot.*«

Das könnte peinlich werden.

»*Machen Sie sich lieber einen schönen Tag als Sorgen!*«

Meine Güte ...

»*Ich teile Ihre Sorgen, und gemeinsam machen wir sie größer und bunter und schöner.*«

Ich geh jetzt.

»Warum sich Sorgen machen – machen Sie eine Kreuzfahrt!«

Manchmal bist du einfach entzückend.

Ich erhob mich und ging langsam weg, während Jacob noch eine Weile vor sich hingackerte und prustete, bis er schnell hinterhergelaufen kam.
Kleiner Tipp: Überlegen Sie es sich gut, bevor Sie Ihrem Hund von Ihren Sorgen erzählen.

ICH BIN SEHR GERN ICH

Ich mag mich.

Jacob räkelte sich auf seinem Kissen, mit der Nase schnuppernd zwischen seinen Hinterbeinen, was er offensichtlich sehr genoss. Ich blickte von meinem Buch auf.

Wie bitte?

Ich hab nur festgestellt, dass ich mich wirklich sehr gern mag,

nuschelte Jacob und wirkte ganz verträumt, während er sich jetzt hingebungsvoll leckte. Ich musste lachen.

Is' was?

Er unterbrach seine Tätigkeit und sah mich verwirrt an. Als hätte er einen Witz nicht verstanden.

Nein, alles okay. Es ist nur … Es ist ungewöhnlich, dass jemand so deutlich macht, dass er sich selbst mag. »Ich mag dich«, hört man – jedenfalls unter Menschen – deutlich häufiger als »Ich mag mich«.

Magst du dich denn etwa nicht?

Doch, schon. Vielleicht nicht ganz so sehr, wie du dich magst.

Meinen amüsiert-ironischen Unterton konnte Jacob anscheinend nicht einordnen.

Warum sollte ich mich denn NICHT mögen? Ich bin ein richtig netter Hund, intelligent und ein feiner Kumpel. Ich bin sehr gern ich. Denn ich fühle mich gut an, und ich rieche außerdem echt super!

Ich musste mich zusammenreißen, um nicht allzu breit zu grinsen. Ganz unter uns: Wenn Jacob einen Baum oder ähnliches markieren will, ist er dabei zwar hoch konzentriert und braucht eine Weile für die richtige Position und den perfekten Winkel, am Ende trifft er aber meistens seine Vorderpfoten. Dementsprechend geht immer ein leichter Uringeruch von ihm aus. An den ich mich gewöhnt habe. Aber »echt super« roch mein Hund für meine Menschennase nun wirklich nicht.
Aber erzählen Sie das bitte nicht Jacob.

Mit dir kann hund ja heute wirklich nicht vernünftig reden!,

wendete er sich beleidigt ab und widmete sich erneut seinem Unterleib. Dann blickte er aber wieder auf, als sei ihm ein neuer Gedanke in den Sinn gekommen.

Du hast recht, ich kann mich wirklich nicht erinnern, mal einen Menschen sagen gehört zu haben, dass er sich mag. Mögen sich denn Menschen nicht?

Für uns ist das ein heikles Thema. Sich selbst zu mögen, ist für viele nicht so selbstverständlich wie für dich. Und auszusprechen, dass man sich mag, erst recht nicht. Überhaupt reden viele

Menschen nicht gern positiv über sich. Lieber wartet man darauf, dass andere etwas Nettes über uns sagen.

Du willst mir jetzt doch nicht ernsthaft verkaufen, dass Menschen von Natur aus so wahnsinnig bescheiden sind?

Nee, dahinter steckt nicht unbedingt Bescheidenheit. Eher die Befürchtung, von anderen zu hören, dass sie uns weniger positiv sehen als wir uns selbst. Das wäre für die meisten von uns wohl sehr, sehr unangenehm! Also sagt man lieber nichts oder stapelt bewusst tief – in der stillen Hoffnung, von anderen Komplimente zu hören. Was aber viel seltener geschieht, als wir es uns erhoffen.

Habe ich dir schon mal gesagt, dass ich euch echt merkwürdig finde?

Schon, aber höchstens ein paar Tausend Mal.

Ich hab ja durchaus mitbekommen, dass du nicht unbedingt findest, ich rieche supergut.

Ach, wirklich?

Das war mir ein bisschen peinlich. Aber Jacob ignorierte zum Glück meine scheinheilige Frage.

Aber wenn du meinen Geruch nicht magst, kann ich das ja nicht ändern. Wir sind eben unterschiedlicher Meinung. Kein Drama, oder?

Ich wünschte, ich wäre auch so souverän, wenn mich jemand darauf hinweisen würde, dass mein Deo versagt habe und ich müffele. Das wäre mir extrem unangenehm, und ich würde mich sehr schämen und wohl so schnell wie möglich aus dem Staub machen.

Jacob schaute mich verständnislos an.

Weißt du denn, was Scham ist?

Klar, wenn jemand schamant ist. Aber das ist doch etwas Feines, oder?

Ich meine nicht Charme, sondern Scham. Wenn wir uns schämen, dann haben wir das Gefühl, ganz, ganz falsch zu sein. Schlimmer noch, als sich schuldig zu fühlen. Denn wenn ich mich schuldig fühle, kann ich mich zumindest ent-schuldigen. Ent-schämen können wir uns leider nicht.

Und du würdest dich tatsächlich dafür schämen, nicht fein zu riechen?

Solange ich allein vor mich hinstinken würde, wäre das halbwegs okay. Aber wenn jemand anderes das merken und mich gar darauf aufmerksam machen würde – das wäre mir wirklich sehr unangenehm.

Schämen hat also immer damit zu tun, was andere riechen? Und denken?

Ich glaube, ja. Oder eher: Was wir denken, was andere denken oder sagen könnten. Und je näher es an uns dran ist, desto schlimmer.

Wieso näher dran?

Also, wenn ich etwas Blödes tue und dafür kritisiert werde, ist das nicht schön. Wenn zum Beispiel jemandem ein Buch von mir nicht gefällt. Oder Schuhe, die ich mir grad gekauft habe. Nicht gerade toll, aber auszuhalten.

Schlimmer wird es, wenn jemand kritisiert, wie ich *bin*. Vielleicht sagt, ich sei dumm oder eitel oder habe einen schlechten Geschmack. Oder, noch schlimmer, mich hässlich findet. Wir schämen uns nämlich auch ständig für unseren Körper.

Wirklich?

Ich fürchte, Menschen sind sehr leicht zu beschämen. Von all unseren Gefühlen ist Scham – und die Angst, beschämt zu werden – wohl eines der schlimmsten.

Ich verliere den Faden. Noch mal von vorne: Wenn du sagen würdest, dass du dich sehr magst …

… dann hätte ich sicherlich Angst, dass mein Gegenüber sich lustig macht über mich. Oder mir ins Gesicht sagt, dass ich doch nun wirklich nicht mögenswert bin. Wäre das nicht schrecklich?

Vielleicht. Aber wer würde denn so etwas Gemeines zu dir sagen?

Na ja, ins Gesicht sagen wohl nicht. Aber über mich denken? Diese Vorstellung wäre schon schlimm genug. Denn auch wenn wir selbst nie so gemein über jemanden denken würden: Für uns ist der Gedanke gar nicht so abwegig, dass andere Menschen tatsächlich gemein über *uns* denken könnten.

Jacob schaute mich ernst an, blickte eine Weile schweigend aus dem Fenster und sagte dann:

Und du denkst wirklich, dass jemand so schlecht über dich denken könnte?

Na ja, nee, nicht wenn du mich so fragst. Wenn ich in Ruhe darüber nachdenke, erscheint es mir doch sehr unwahrscheinlich. Denn ich weiß ja im Grunde, dass meine Mitmenschen mich weder verehren noch mich richtig blöd finden. Natürlich liebt mich nicht jeder, aber nein, »nicht mögenswert« findet mich wohl niemand.

Das beruhigt mich jetzt ein bisschen.

Jacob wirkte aber alles andere als beruhigt. Was ich ihm über seinen Menschen und die Menschen im Allgemeinen erzählt hatte, verwirrte ihn offensichtlich. Vielleicht so, als würde uns jemand ganz selbstverständlich erklären, dass er regelmäßig von UFOs Besuch bekäme. Möglicherweise zweifelte mein

Hund gerade an meinem Verstand? Er ging langsam zum Terrassenfenster und schaute wieder hinaus. Er dachte aber wohl noch eine Weile über unser Gespräch nach. Denn ich hörte ihn später leise zu sich selbst murmeln:

Also, ich mag mich …

SICH SELBST VERZEIHEN

Entschuldigung!

Pfff.

Es tut mir so schrecklich leid!

Ja, ja …

Ich hätte dich nicht so hart anfassen dürfen, ich weiß.

Das war brutal.

Ich habe so einen Schreck bekommen, als du plötzlich losgerannt bist. Es hat nicht viel gefehlt, und das Auto hätte dich erwischt!

War nicht klug, sehe ich ein.

Das war purer Wahnsinn!

Was würdest du denn tun, wenn es plötzlich so wahnsinnig lecker nach altem Fisch riecht?

Jedenfalls würde ich nicht einfach losrennen, ohne nach links und rechts zu schauen.

Köstlich!

Jacob leckte sich die Schnauze und schaute verzückt. Bevor er sich daran erinnerte, dass er ja böse auf mich war, und mich wieder empört anschaute.

Du hättest mich trotzdem nicht so hart im Nackenfell packen müssen.

Das hätte ich nicht. Und es tut mir wirklich sehr, sehr leid. Ich war *so* wütend.

Na gut, is' vergessen.

Er warf mir ein versöhnliches Lächeln zu.

Nein, das kann ich nicht vergessen. Und mir nicht verzeihen.

Ich verzeih dir aber.

Der Schreck saß mir noch immer in den Gliedern. Ich fühlte mich innerlich ganz wackelig, während wir jetzt langsam nebeneinander auf dem Bürgersteig gingen. So wie eben, als Jacob sich plötzlich zur Straße drehte und die Nase in den Wind streckte, kurz schnupperte und – bevor ich reagieren konnte – losrannte. Ein Auto bremste, hupte und fuhr weiter, während der Fahrer mich wütend anschaute und mit dem Finger an seine Stirn tippte.

Es ist meine jähzornige Ader, die mich manchmal übermannt. Hätte ich nur kurz nachgedacht, hätte ich dich bestimmt nicht so hart angepackt.

Hätte, hätte ...

Bis vor einer Weile war mir gar nicht bewusst, dass ich zum Jähzorn neige. Das steckt wohl in meinen Genen. Mein Vater ist früher auch manchmal so explodiert. Ich wollte nie so werden wie er.

Na ja, du hast schließlich im Konfekt gehandelt ...

Affekt. Ich nehme es mir trotzdem sehr übel.

Wenn du darauf bestehst ...

Jacob schüttelte nur kurz den Kopf und ging an mir vorbei. Später lagen wir auf dem Sofa. Ich versuchte zu lesen, bekam aber meinen Wutanfall nicht aus dem Sinn.

Erinnerst du dich daran, wie ich neulich den Typen so heftig angeschnauzt habe, weil sein Hund dich attackierte?

Na klar. Dieser aggressive Miesling!

Der Mann?

Nein, der Hund natürlich!

Ich war so böse, als der keine Anstalten machte, seinen Köter unter Kontrolle zu bringen.

Du hast ihn wirklich ganz schön laut angemacht.

Jacob grinste.

Ich habe wohl ziemlich überreagiert. Obwohl er sich dann ja entschuldigte. Aber ich wollte das gar nicht hören.

Weil du lieber wütend sein wolltest?

Mit Wollen hatte das wohl wenig zu tun. Ich schäme mich heute noch für mein Verhalten.

Dabei hast du ihm doch gesagt, dass dir dein Ausraster leidtat, als wir die beiden wiedersahen?

Trotzdem, ich mache mir wirklich Vorwürfe, dass ich mich manchmal so wenig unter Kontrolle habe. Besonders dann, wenn ich deshalb ungerecht zu dir bin.

Ich habe mich vorhin ja auch nicht richtig benommen.

Er schob seinen Kopf unter meinen Arm und betrachtete die Diskussion wohl als beendet.

Trotzdem.

Hm.

Ich mag diese Seite an mir gar nicht.

Hm.

Ich wollte doch nie wie mein Vater werden.

Schluss jetzt!

Jacob zog seinen Kopf wieder hervor und setzte sich aufrecht vor mich.

Meinst du, es hilft dir oder mir, wenn du so auf dir herumhackst?

Aber ich habe mich doch total danebenbenommen!?

Klar hast du das. Und höchstwahrscheinlich wirst du dich in diesem Leben noch das eine oder andere Mal danebenbenehmen, oder?

Und das findest du okay?

Nein, finde ich nicht. Aber ich benehme mich doch auch gelegentlich daneben.

Gelegentlich.

Und dann entschuldige ich mich ...

... gelegentlich ...

... und die Sache ist gegessen. Welchen Sinn hätte es, wenn ich es mir dann immer und immer wieder vorwerfen würde?

Na ja.

Klar, du bist manchmal aufbrausend und machst Sachen, die nicht so toll sind. Ja und?

Sollte ich mir das etwa nicht übel nehmen?

Nein, das solltest du nicht! Du solltest lieber öfter mal nett sein zu dir.

Bin ich nett genug zu mir selbst?

Nicht wenn du einen Fehler gemacht hast und zu jemandem unfein warst. Dann könntest du dir wirklich auch mal verzeihen.

Ja?

Wenn ich – gelegentlich – etwas Unfeines tue, verzeihst du mir doch auch. Oder Freunde dich unfein behandeln und sich entschuldigen.

Stimmt. Das fällt mir deutlich leichter, als mir selbst zu vergeben.

Wieso?

Keine Ahnung.

Manche Menschen sind ständig unfein zu anderen und finden sich selbst trotzdem völlig okay. Und andere Menschen machen es genau umgekehrt.

Ich gehöre wohl zu den anderen.

Genauso wie Monika, der immer alles schrecklich leidtut. Auch wenn sie gar nichts Schlimmes gemacht hat. Und Oma, die so oft sagt, dass sie ein schlechtes Gewissen hat. Obwohl sie gar nichts getan hat.

Wir sind eben nur Menschen.

Oder die junge Frau, die du neulich beraten hast. Die irgendeine Prüfung versemmelt hat. Vor Monaten! Und sich immer noch mit der Frage quält, wie sie so schlimm versagen konnte.

Sie glaubt eben, sie darf unter keinen Umständen Fehler machen.

Stimmt denn das? Dürfen Menschen wirklich keine Fehler machen?

Wenn du mich so fragst: Natürlich dürfen wir alle Fehler machen! Wie sollten wir ein halbwegs interessantes Leben führen ohne das Risiko, auch mal danebenzugreifen?

Meine Rede.

Jacob tapste mit der Pfote auf meine Nase und grinste.

Wie wäre es dann mal ohne dieses ganze Ich-bin-ja-so-schuldig-und-böse-Brimborium?

Dann darf ich dich also mal wieder schütteln und schimpfen, wenn du etwas richtig Blödes machst?

Selbstverständlich nicht! Aber ich würde dir wohl auch das vergeben.

Na, dann gebe ich mir mal Mühe, etwas netter zu mir zu sein.

Kluger Mensch!

Er gab mir noch einen Belohnungstaps auf die Nase und kuschelte sich wieder in meinen Arm.

Es war ein sonnig schöner Tag. Ich hatte prima Laune und fand das Leben im Großen und Ganzen sehr lebenswert. Wie schön, mit meinem geliebten Hund unter blauem Himmel spazieren gehen zu dürfen! Wir trafen drei sehr nette Bekannte mit ihren sehr netten Hunden, die zusammenstanden, plauderten und sich gegenseitig beschnupperten (die Hunde). Im Näherkommen winkte ich ihnen zu und freute mich auf einen netten Plausch.

Als wir die Gruppe erreichten, knurrte Jacob seine Artgenossen kurz und heftig an, was wohl ungefähr heißen sollte: »Ich finde euch alle scheiße!« Die verwirrten Blicke von Hunden und Hundemenschen, die reflexhaft zurückwichen, ignorierte er und spazierte ganz selbstverständlich weiter. Ich stammelte peinlich berührt eine Entschuldigung, irgendwas von schlechter Laune meines Tieres, und lief selbigem hinterher.

Was war denn das?,

stellte ich Jacob zur Rede, als ich ihn eingeholt hatte.

Och, ich hatte keinen Bock auf die.

Und deshalb verhältst du dich derart abweisend?

Offensichtlich.

Die drei Hunde sind doch sehr nett, oder?

Geht so. Meistens finde ich sie ganz okay. Heute nicht.

Und das musstest du ihnen so deutlich mitteilen?

Selbstverständlich.

Weil mir nichts Klügeres einfiel, lief ich schweigend neben ihm her. Meine prima Laune hatte sich deutlich eingetrübt und war

der Empörung über meinen rüpelhaften Hund gewichen. Als –
zumindest auf dem Papier – Erziehungsberechtigter wollte ich
die Sache aber nicht auf sich beruhen lassen. Während einer
Pause, die wir später einlegten, sprach ich Jacobs Verhalten
vorsichtig an:

Ich befürchte, die drei gehören vorläufig nicht mehr zu deinem
Fanclub.

Ich denke auch.

Und das ist dir völlig egal?

Piepeschnurzegal.

Du findest es okay, einen Mithund einfach anzuknurren?

Ich hab schließlich keinen von denen gebissen.

Das wäre ja auch noch schöner!

Findest du wirklich? Ich bin doch kein Beißer!

Aber auch nicht der Allerhöflichste.

*Nö, der Allerhöflichste ist wohl Benny, der Labrador. Der ist ja so
lieb und so höflich. Und ein bisschen doof.*

Und so lieb und höflich willst du nicht sein?

Warum sollte ich?

Weil es sich vielleicht angenehmer leben lässt, wenn wir höflich
miteinander umgehen?

*Meinst du denn, Benny ist ein so wahnsinnig glücklicher Hund?
Der hat ein Magengeschwür vom vielen Liebsein. Ich glaube, der
könnte manchmal kotzen vor Frust. Aber er traut sich nicht. Und
ist, wie gesagt, ein bisschen doof.*

Das Gespräch nahm eine Richtung, die ich nicht erwartet hatte. Hatte mir Jacob nicht neulich noch eine Predigt über die Vorzüge des Nettseins gehalten? Ich versuchte es auf eine andere Weise.

Wenn ich jemanden nicht mag, gehe ich ihm oder ihr eben aus dem Weg. Aber bleibe freundlich. Und wenn es sein muss, kann ich auch nett zu jemandem sein, den ich nicht leiden kann.

Und deshalb finden dich die allermeisten Leute ebenfalls nett?

Ich hoffe.

Super. Braver Tom!

Was ist bitte schön so schlimm daran, wenn einen die Leute nett finden?

Gar nichts. Nettsein ist prima und macht gute Laune. Habe ich dir ja neulich erklärt. Ich finde es nur nicht so wahnsinnig wichtig wie du, stets und immer lieb zu sein.

Na ja ...

Mal ehrlich: Die meisten von euch wollen doch von möglichst allen lieb gehabt werden. Auch wenn ihr es bestimmt nicht zugebt. Vom Nachbarn, von den Kollegen, vom Chef, natürlich von allen Familienmitgliedern, am besten noch von der Dame an der Supermarktkasse.

Da ist was dran.

Um Gottes Willen soll niemand euch blöd finden oder arrogant oder unfreundlich oder gar aggressiv!

Ich möchte wirklich nicht so negativ gesehen werden.

Und dafür tut ihr fast alles! Ihr redet mit Leuten, mit denen ihr gar nicht reden wollt. Ihr seid nett zu jemandem, den ihr eigent-

lich scheiße findet. Ihr sagt nicht, was ihr wirklich denkt, weil jemand daran Anstoß nehmen könnte. Soll ich weitermachen?

Lass mal.

Aber selbstverständlich machte Jacob weiter.

Dafür denkt ihr aber oft richtig mies über andere. Und habt selten ein Problem damit, schlecht hinter ihrem Rücken über sie zu reden. Wenn es gar nicht anders geht, seid ihr Meister darin, zu lächeln und etwas Freundliches zu sagen – und eurem Gegenüber dabei mit Blicken und zwischen den Zeilen zu verstehen zu geben: Du bist das Allerletzte!

Immerhin vermeiden wir so Konflikte, und es bleibt harmonisch.

Na toll, herzlichen Glückwunsch!

Wo kämen wir denn hin, wenn jeder ausspricht, was er fühlt und denkt?

Tja, wo kämen wir da hin? Die drei Deppen wissen jedenfalls jetzt, was ich von ihnen halte. Und gehen mir in Zukunft aus dem Weg. Ist doch prima. Klare Verhältnisse. Würde es dein Leben nicht auch erleichtern, wenn du zu einigen Zeitgenossen etwas ehrlicher wärst?

Ich habe keine Ahnung, wovon du sprichst.

Was natürlich gelogen war.

Rolf. Dein guter, alter Schulfreund. Ihr habt euch seit Jahren absolut nichts mehr zu sagen. Du triffst ihn regelmäßig und hast null Bock darauf.
Petra. Glaubt, ihr hattet neulich einen richtig duften Abend. In Wirklichkeit hat sie dich konsequent zugetextet, und du bist schwer angefressen nach Hause gekommen. Hast du es ihr gesagt? Nö.

Du bist immer total nett zu deinem Nachbarn Bernd. Und erfindest ständig neue Ausreden, um dich nicht mit ihm verabreden zu müssen. Weil er dich tödlich langweilt. Soll ich weitermachen?

Bitte nicht!

Okay.

Danke.

Weißt du, viele Leute sind entsetzt, wenn wir Hunde untereinander ruppig sind. Wenn jemand unsere Grenzen nicht respektiert und wir deshalb knurren oder schnappen und wenn wir klären, wer das Sagen hat. Oder wenn wir einfach jemanden nicht riechen können.

Viele Menschen empfinden eben alles, was nach Aggression aussieht, als unangenehm oder gar gefährlich.

Was die aber nicht kapieren: Unter Hunden kommt es nur ganz selten zu Beißereien. Menschen tun zwar alles für ihre geliebte Harmonie. Aber hintenrum wird ordentlich gebissen. Da frage ich mich doch: Wer ist hier die aggressive Spezies?

Ich gebe auf.

In diesem Moment lief ein Yorkshire Terrier an uns vorbei (Das sind diese winzigen Chewbaccas.) und kläffte Jacob heftig an. Der brachte das kleine Ding mit einem tiefen Knurren zum Schweigen, grinste mich dann fröhlich an und meinte:

Kein Magengeschwür!

NACHTRAGEN ODER LIEBER LOSLASSEN?

Lass doch einfach den Stock los!

Grrr ... nein ... grrr ... aufff kein'n F'll ... grrr ...

So kommst du doch niemals durch den Zaun.

> Jacob gab ein bemerkenswertes Bild ab: Wir wanderten gerade querfeldein über Felder und Wiesen. Mein Hund hatte einen besonders schönen, langen Stock gefunden, den er stolz im Maul mit sich trug. Gelegentlich mussten wir Gräben überwinden und auch mal, so wie jetzt, einen Zaun. Während ich drüberklettern konnte, hatte Jacob ein Loch entdeckt. Mit seinem schlanken Körper wäre er problemlos hindurchgeschlüpft, aber mit dem Stock im Maul war das unmöglich. Loslassen war für ihn aber offensichtlich keine Option. So zog er mit aller Kraft und probierte alle möglichen Winkel aus. Ohne Erfolg.

Wenn du heute noch nach Hause kommen möchtest, solltest du dich wohl besser von deinem Stock trennen,

> rief ich ihm lachend zu. Jacob aber zog und knurrte dabei noch eine Weile, ließ dann das Stück Holz los und kam zu mir getrottet.

Okay, holst du das Stöckchen bitte?

Gern.

> Ich stieg noch einmal zurück über den Zaun, holte das Ding und überreichte es meinem Hund.

Fein gemacht. Braver Mensch.

Wieso hast du mich eigentlich nicht gleich gebeten, dir zu helfen?

Gute Frage. Vielleicht weil es manchmal gar nicht so leicht ist, loszulassen?

Gute Antwort, davon kann ich leider auch ein Lied singen.

Oh ja, sing mal! Versuchst du auch hin und wieder, einen Stock durch ein Loch zu bekommen?

So ähnlich.

Die Neugier meines Hundes war geweckt, der sich wohl jetzt vorstellte, wie sein Mensch in einem Loch festhängt mit einem Stück Holz zwischen den Zähnen und wild daran zerrt.

Ich meinte das eher symbolisch. Wenn ich irgendwas auf Teufel komm raus nicht loslassen will. Zum Beispiel wenn ich meine, dass jemand mir Unrecht getan hat und ich ihm böse bin. Dann halte ich manchmal an meinem Groll fest wie du an deinem Stöckchen.

So wie du manchmal sauer auf mich bist, weil ich – in deinen sehr subjektiven Augen – etwas nicht so Feines getan habe?

Exakt. So wie neulich, als ich es schrecklich eilig hatte, weil Bernd und Sabine gleich zu Besuch kommen wollten, und du das gesamte Altpapier geschreddert und im Wohnzimmer verteilt hattest.

Wieso heißt es schließlich Alt-Papier? Das will doch ohnehin niemand mehr?

Egal. Jedenfalls war ich sehr böse auf dich.

Und hast mir das tagelang vorgehalten. Nicht gerade sehr fein von dir.

Das meine ich: Ich halte mich manchmal an meiner Wut fest und kann einfach nicht loslassen. Obwohl ich weiß, wie kindisch das ist.

So was machen Menschen total gern, oder?

Nicht unbedingt gern. Aber manchmal können wir einfach nicht aus unserer Haut.

Jacob sah mich entsetzt an.

Keine Sorge, ist nur 'ne Redensart. Das bedeutet: Wir würden eigentlich gern – aber wir können nicht anders.

Wieso könnt ihr nicht anders?

Vielleicht weil wir manchmal so eng im Kopf werden, dass wir keine andere Möglichkeit sehen? So wie bei dir und dem Stock.

Aber ich zerre vielleicht ein paar Minuten am Stöckchen. Bis ich kapiere, dass das aussichtslos ist. Ihr zerrt etwas länger, oder?

Ich kenne Leute, die einen Groll auf andere Menschen über Monate hegen können.

Und warum macht jemand so was? Für einige Minuten macht das ja vielleicht Spaß. Aber über Monate?

Wir schlenderten gemütlich über die Wiese, während Jacob seinen Stock immer wieder hochwarf und versuchte, ihn mit der Schnauze aufzufangen. Was ihm nicht gelingen wollte.

Womöglich hat es mit Rechthaben zu tun. Ich hege einen Groll und bin fest der Meinung, im Recht zu sein. Weil jemand sich zum Beispiel mir gegenüber nicht fair verhalten hat. Und wenn man ein klitzekleines bisschen dazu neigt, nachtragend zu sein, dann will man seinen Groll auf gar keinen Fall aufgeben. Weil der andere ja gefälligst einsehen soll, dass er im Unrecht ist.

Wenn der das aber nicht einsehen will?

Dann sitzt man in der Falle. So wie du vorhin in dem Loch.

Mit dem Unterschied, dass mir als intelligentem Wesen das Dilemma bewusst war, meinte mein Hund und schaute erwartungsvoll zu mir hoch.

Mir ist ja im Grunde auch bewusst, dass es mir nicht guttut, wenn ich nachtragend bin und vor mich hingrolle.

Rechthaben macht nicht zufrieden, oder?

Nein, gar nicht.

Und trotzdem ist es euch so wichtig?

Auch Erwachsene können manchmal ziemlich kindisch sein.

Sie etwa auch, Herr Psychologe?

Hm. Wenn wir grollen, verhalten wir uns wirklich wie Kinder in der Sandkiste. »Du warst gemein zu mir, und deshalb schmolle ich jetzt« oder »Ich hab dir mein Backförmchen gegeben, jetzt musst du mir auch deins geben, sonst spiele ich nicht mehr mit« oder »Du bist schuld, dass es mir schlecht geht, deshalb tue ich so lange nichts, bis du es wieder gutmachst«. Und so weiter.

Und wenn jemand wirklich richtig gemein zu euch war?

Die Frage ist doch: Kann ich als Erwachsener nicht etwas groß-züger mit meinen Mitmenschen sein? Denn ich bin schließlich auch mal gemein zu anderen.

Das ist sehr wahr!

Das Blöde am Nachtragen ist, dass ich ja selbst darunter leide.

Mir ging ein Streit mit einem Freund durch den Kopf. Damals war ich ihm sehr böse – heute erinnere ich gar nicht mehr, wa-rum –, ging ihm aus dem Weg und nicht ans Telefon, wenn er anrief. Trotzdem erwartete ich stur seine Entschuldigung und weigerte mich, seine Sicht zu akzeptieren. Sehr kindisch von mir, musste ich mir irgendwann eingestehen.

Was Nachtragen so schlimm macht, ist unsere Ohnmacht. Wir verlangen eine bestimmte Reaktion von jemandem. Wenn die aber nicht kommt, können wir ja nichts tun – außer immer weiter grollen und warten.

Oder wie es eine intelligentere Spezies machen würde: das Stöckchen vielleicht loslassen?

Da hast du recht, ich versuche ja seit Langem zu lernen, ein bisschen großzügiger zu sein. Echt nicht leicht, finde ich …

Darüber sprach doch neulich im Fernsehen der alte Mann, der immer rote Kleider und so eine wenig elegante Brille trägt.

Der Dalai Lama?

Genau. Der sagte, wir sollten immer daran denken, dass alle Wesen nur versuchen, glücklich zu sein.

Auch wenn wir die Glücks-Strategien unserer lieben Mitmenschen nicht immer nachvollziehen können …

Manche Menschen machen wirklich schräge Sachen!

Ohne zu wissen, dass sie nur glücklich sein wollen.

Aber das macht euch schräge Wesen echt sympathisch, finde ich!

Vielleicht sollte ich, wenn ich mal wieder grolle und einem Mitmenschen etwas nachtrage, daran denken: Er bemüht sich nur, glücklich zu sein.

Genau! Wenn beispielsweise ein Mithund mit dem Alt-Papier etwas Freude hatte.

Oder mal wieder meinen Garten umgegraben hat?

Auf der Suche nach ein bisschen Glück eben.

EIN PLÄDOYER FÜRS NETTSEIN

Neulich im Asia-Imbiss: Auf dem Weg nach Hause wollte ich nur schnell mein Abendessen mitnehmen. Es warteten dort schon zwei Männer, und hinter mir füllte sich der Laden schnell. Einer der Mitwartenden war offensichtlich US-Amerikaner. Er begrüßte mich, als ich eintrat, fragte den Menschen vor ihm, was er denn bestellen wolle und schwärmte von dem Gericht, das er vor einigen Tagen hier gegessen habe. Ein kommunikativer und wirklich sehr freundlicher Mensch, mit dem ich bald über meinen indischen Hund schwatzte. Er versuchte immer wieder, auch die anderen Wartenden ins Gespräch einzubeziehen – was denen aber offenbar unangenehm war. Denn sie antworteten wortkarg und schauten lieber etwas gequält in die Speisekarten.

Auf dem Weg nach Hause musste ich über diese Szene grinsen. Dass man mal keine Lust auf Small Talk hat, klar. Aber dass Menschen sich so offensichtlich unbehaglich fühlen, wenn ein Fremder ihnen einen Schwatz anbietet? Typisch Hamburger? Oder typisch deutsch?

Ich erinnerte mich an meine Australienreise vor einigen Jahren. Wenn Sie schon einmal dort waren, wissen Sie: Aussies gehen deutlich freundlicher miteinander um, als wir es in Mitteleuropa gewöhnt sind. Es ist dort beispielsweise ganz normal, wenn ein Busfahrer seinen Passagieren einen schönen Tag wünscht und man sich bei ihm für die Fahrt bedankt. Als Tourist wird einem sofort Hilfe angeboten, wenn man auch nur für einen Moment orientierungslos wirkt. Und überhaupt lächelt man viel häufiger und findet es gar nicht merkwürdig, mit wildfremden Leuten zu schwatzen, wenn sich die Gelegenheit bietet. Nach ein paar Tagen hatte ich mich angepasst und spürte, wie gut mir das Nettsein tat. Zurück in Hamburg hatte ich es allerdings leider schnell wieder vergessen.

Bevor Jacob angekommen ist, meinte jemand mal zu mir, ich würde mit Hund ganz sicher so viele Menschen wie nie zuvor kennenlernen. Trotzdem war ich überrascht, wie oft ich mit Jacob an der Leine von anderen Mensch-Hund-Gespannen gegrüßt, angelächelt und mit einem netten Wort bedacht wurde. Ein kleiner

Schwatz gehörte zu fast jedem Gassigang. Ich bemerkte bald, dass die vielen Begegnungen eine positive Wirkung auf meine Grundstimmung hatten. Als bekannter Morgenmuffel hatte ich nämlich sonst gewöhnlich einige Stunden gebraucht, um auf mentale Betriebstemperatur zu kommen. Aber jetzt ging ich nach unserer Morgenrunde oft richtig gut gelaunt in den Tag.

Nein, ich will nicht behaupten, dass wir *nicht* nett miteinander sind. Wir schätzen den Schwatz mit Kollegen in der Kaffeeküche und sind natürlich nett zu Freunden und Familie. Jedenfalls meistens. Aber gehören Small Talk und ein Lächeln für uns nicht eher in unsere vertrauten Kreise? Und lieber nicht in die »Öffentlichkeit«? Wann sind Sie zuletzt an der Bushaltestelle oder in einem Café mit einem fremden Menschen ins Gespräch gekommen? Lächeln Sie Ihr Gegenüber an, wenn Sie in der Bahn Platz nehmen?

Man könnte einwenden, wieso sollten wir uns die Mühe machen? Reicht es nicht, zu vertrauten Menschen nett zu sein? Ganz einfach: Weil es uns guttut und zufriedener macht. Sie sind skeptisch? Ich habe etwas recherchiert und war überrascht, wie viele wissenschaftliche Untersuchungen es zu dem Thema gibt. Mit eindeutigen Ergebnissen. Eine Untersuchung der Emory University in Georgia hat beispielsweise ergeben, dass Freundlichkeit anderen gegenüber das Lust- und Belohnungszentrum unseres Hirns genauso stimuliert, wie wenn jemand uns gegenüber wohlwollend ist. Eine freundliche Haltung erhöht messbar den Blutspiegel des Hormons Oxytocin, das soziales Verhalten stimuliert und Stress reduziert. Vermehrt ausgeschüttet werden auch Endorphine, unsere »Glückshormone«, und das stimmungsaufhellende Serotonin. Freundlichkeit ist tatsächlich ein wirksames Mittel gegen Depressionen.

Bei einem Experiment der University of British Columbia hat man ängstlichen Menschen die Aufgabe gegeben, über einen Monat bewusst sechs freundliche Handlungen pro Woche zu begehen. Nach dieser Zeit waren sie tatsächlich besserer Stimmung, zufriedener mit ihren Beziehungen und signifikant weniger ängstlich. Und schließlich: Menschen, die sich ehrenamtlich engagieren, leiden nachweisbar weniger unter Schmerzen und haben ein gesünderes Herz und eine höhere Lebenserwartung.

Nettsein ist also so ziemlich das Vernünftigste, was man für ein zufriedenes, gesundes Leben tun kann!

Können wir aber wirklich einfach so, von heute auf morgen, auf Nettsein umschalten? Ich bin mir sicher, wir können es lernen. Sie kennen bestimmt das gute Gefühl, das sich einstellt, wenn man zum Beispiel jemandem hilft, den Kinderwagen eine Treppe hochzutragen? Einem Ortsfremden den Weg erklärt oder einem Straßenmusiker Geld gibt? Wir können gute Gefühle fördern, indem wir bewusst freundlich mit unserer Umwelt umgehen. Dazu muss man ja nicht gleich ein Ehrenamt bekleiden. Ein Lächeln, ein Kompliment oder eine freundliche Geste sind schon ein prima Anfang.

Nachdem ich mich übrigens daran gewöhnt hatte, dass man sich unter Hundemenschen hemmungslos anlächeln und ansprechen darf, probierte ich es auch mal ohne Hund aus. Und siehe da: Erstaunlich viele Menschen lächelten zurück oder ließen sich gern auf einen Plausch ein (und das im angeblich so unterkühlten Hamburg). Mit meiner Blumenverkäuferin tausche ich inzwischen regelmäßig Neuigkeiten aus. Manchmal verabschiede ich mich vom Busfahrer und bedanke mich für die Fahrt. Kein großes Ding, macht aber gute Laune!

DAS GROSSE LEBENSGLÜCK MAG AN BEDEUTSAMEREN FRAGEN HÄNGEN. DIE MEISTEN VON UNS UNTERSCHÄTZEN ABER DIE KLEINEN DINGE, DIE UNSER LEBEN EIN BISSCHEN SCHÖNER MACHEN KÖNNEN. UND DAZU GEHÖREN GANZ SICHER NETTSEIN, LÄCHELN UND SMALL TALK.

5. KAPITEL

GLÜCKLICH MIT ANDEREN – ODER TROTZ DER ANDEREN?

VERTRAUEN

Jacob und ich saßen aneinandergekuschelt auf dem Sofa und schauten auf dem Fernseher Fotos aus Indien an. Von unserem Kennenlernen am Strand bis zu Jacobs langer Reise nach Hamburg. Einige Bilder zeigten ihn, wie er übermütig mit seinen Hundekumpels über den tropischen Strand von Varkala tobte. Auf anderen saß er bei mir im Sand, lag auf meinem Schoß oder unter dem Tisch eines Strandrestaurants. Ein Foto hatte jemand von uns beiden gemacht: Jacob, auf meinem Schoß sitzend, und ich schauten sehr glücklich in die Kamera. Dann folgten ganz andere Szenen: Mein Hund hockte angeleint auf einem Schotterboden unter einem schäbigen Wellblechdach. Oder er lief durch ein eingezäuntes Gehege, ebenso heruntergekommen und ohne tropisches Grün. Er sah verunsichert aus und gar nicht mehr glücklich.

Das war bestimmt eine sehr schwere Zeit für dich.

Mhm. Mit dir zusammen, während du zu Besuch warst, war es dort gut auszuhalten. Aber als du mich dann nach ein paar Stunden wieder verlassen hast ... und als du dann für lange, lange Zeit gar nicht mehr gekommen bist ... Das war nicht so leicht. Obwohl ich ja verstand, dass es nicht anders ging.

Jacob war anzusehen, dass diese Erinnerungen noch heute auf seiner Seele lasteten.

Es war dort wie im Knast. Die meiste Zeit musste ich in dieser winzigen Zelle mit einer Tür aus verrosteten Eisenstäben sein. Und dann das ständige Bellen der Hunde in den anderen Zellen! Nur einmal am Tag durften wir in dem Gehege miteinander spielen. Die meisten von denen waren ziemlich eingebildet und unhöflich zu mir. Nur einmal fand ich einen Freund, und der wurde bald von seinen Menschen wieder abgeholt.

Mir tut es heute noch schrecklich leid, dass ich dich dort alleinlassen musste! Ich wäre gern die vier Monate bei dir geblieben –

aber zu Hause wartete ja meine Arbeit auf mich. Es fiel mir so schwer, dich dort zurückzulassen. Zumal ich nicht wusste, wie es dir ergehen würde. Denn keiner der Pfleger schickte mir eine Nachricht, so wie sie es mir versprochen hatten.

Jetzt erschien ein Foto, das Jacob auf der Rückbank eines Taxis zeigte. Er sah aus wie ein Häuflein Elend, verschreckt und ängstlich.

Erinnerst du dich an diese fürchterliche Taxifahrt? Vorher waren wir noch an deinem Strand, und du warst mir neugierig und voller Vertrauen gefolgt. Und plötzlich, zum ersten Mal in deinem Leben, saßest du in einem Auto.

Oh ja, diese fiesen Gerüche. Und das Geschaukel! Ich wollte wirklich tapfer und ein guter Hund sein. Aber mir war so übel im Bauch, dass ich kotzen musste. Auf den Rücksitz und über deine Beine. Mir war das sehr peinlich …

Für mich war einer der schlimmsten Momente, als ich dich am ersten Tag in der Tierklinik zurücklassen musste. In diesem kleinen Käfig. Ich fürchtete damals, du würdest mir das nie verzeihen.

Der Tierarzt hatte gleich nach unserer Ankunft festgestellt, dass Jacob unter einer Anämie litt und daher nicht geimpft werden konnte. Deshalb musste er über Nacht dort bleiben. Als ich mich dann allein auf den Weg zu meinem Hotel machte, fühlte ich mich fürchterlich. Vor einigen Stunden war Jacob noch an seinem Strand in der Welt, die er kannte. Und jetzt saß er in einem Käfig unter lauter kranken Tieren mit fremden, bestimmt nicht schönen Gerüchen. Wie viel Angst musste er gehabt haben! Noch heute redet er sehr ungern über diese Zeit.

Was hast du damals nur von mir gedacht? Als ich dich von deinem Strand entführte und zu diesen schrecklichen Orten brachte? Ich hätte mich an deiner Stelle wohl verraten und verkauft gefühlt.

157

Aber nein! Ich habe dir doch vertraut.

Obwohl wir uns erst so kurze Zeit kannten?

Ich wusste doch schon bei unserem ersten Treffen, dass du mein Mensch warst. Und wenn ein Hund seinen Menschen trifft, dann hat er keine Zweifel mehr. Dann fällt es ihm nicht schwer zu vertrauen. Du warst ja immer so freundlich zu mir. Wie hätte ich da annehmen können, dass du etwas Schlimmes mit mir machen könntest?

Jacob starrte eine Weile schweigend auf den Bildschirm.

Ich war so glücklich, dich zu treffen und zu sehen, wie glücklich du mit mir warst! Auch wenn ich mit Menschen nicht nur gute Erfahrungen gemacht hatte – dir konnte ich sofort vertrauen. Nur verstand ich nicht, was mit mir geschah und warum du plötzlich nicht mehr da warst. Aber ich war gar nicht überrascht, als du wieder auftauchtest. Nur so froh!

Nach meiner Abreise aus Indien hatte es tatsächlich über zwei Monate gedauert, bis ich Jacob für einige Tage besuchen konnte. Dieser Besuch war ein Geschenk zu meinem 50. Geburtstag. Denn es war – natürlich! – mein allergrößter Wunsch, diesen mit meinem Hund zu verbringen. Und zu schauen, ob es ihm gut ging. Auch wenn es danach weitere sechs Wochen dauern würde, bis er endlich zu mir kommen konnte. Damals hatte ich befürchtet, dass mich Jacob entweder gar nicht erkennt oder inzwischen mit den Pflegern viel vertrauter sein könnte als mit mir.

Hast du wirklich geglaubt, ich hätte dich vergessen? Oder mich inzwischen für andere Menschen entschieden? Wie konntest du nur auf so eine Idee kommen!

Für einen Menschen ist dieser Gedanke nicht so abwegig.

Ich hatte dir doch mein Vertrauen geschenkt. Wie konntest du daran zweifeln?

Weil ich nur ein Mensch bin?

Auch wenn ich das wirklich nicht noch einmal erleben möchte – ich hatte nie einen Zweifel daran, dass du mich eines Tages holen würdest und wir dann zusammen sein würden. So war es dann ja auch.

Ich beneide dich um dein Vertrauen.

Menschen können doch auch vertrauen?

Das stimmt schon, aber die meisten von uns brauchen dafür immer wieder Bestätigungen und Beweise. Um ganz sicher zu sein, dass unser Vertrauen auch gerechtfertigt ist.

Jetzt grinste mich Jacob an, als hätte ich etwas besonders Komisches gesagt.

Vertrauen bedeutet doch gerade, keine Beweise zu brauchen! Weil man tief im Herzen weiß, dass jemand es gut mit einem meint.

Für Menschen ist Vertrauen oft richtig harte Arbeit. Und ein Kampf gegen viele schlimme Zweifel. Ich bin auch noch dabei, es zu lernen. Und manche Menschen lernen es wohl nie.

Kann mensch denn glücklich sein, ohne vertrauen zu können?

Jetzt war ich es, der mit einem Kloß im Hals wortlos auf den Monitor starrte, auf dem die Bilder inzwischen einen glücklichen Jacob am Hamburger Elbstrand zeigten.

GORILLAS, EICHHÖRNCHEN UND DIE KERLE

Wasmachsdudnda?,

nuschelte Jacob, während er in der Pause zwischen zwei Coachings vor mir auf dem Teppich lustvoll einen Knochen bearbeitete. Ich schaute mir gerade ein Video an, das ein Kollege mir geschickt hatte. Zwar kannte ich es schon – ein echter Psychologenklassiker –, musste aber wieder darüber staunen und lachen.

Wasissnsokomisch?

Ich hab dir doch mal erklärt, was ein Experiment ist?

SonSpielmitTierenundMenschenumSachenrauszukriegen …

Er ließ den Knochen fallen und schaute mich erwartungsvoll an.

… etwa wieder was mit Matschmällows?

Leider ein Experiment ohne Leckerlis. In diesem Film werfen sich zwei Mannschaften einen Ball zu, eine in schwarzen, die andere in weißen Klamotten. Man soll als Zuschauer zählen, wie oft sich die weiße Mannschaft den Ball gegenseitig zuspielt.

Klingtnichgradaufregend.

Das eigentlich Spannende daran ist, dass während des Spiels ein Mensch im Gorillakostüm durch das Bild läuft. Aber wenn man hinterher fragt, ob den Zuschauern, während sie die Ballwechsel zählten, etwas Besonderes aufgefallen sei, haben die allermeisten den Gorilla gar nicht bemerkt.

Hm, wassollndas?

Jacob würgte den letzten Knochenrest entschlossen herunter.

Ich finde, es ist immer wieder faszinierend, wie wir unsere Aufmerksamkeit auf etwas lenken können – und dann gleichzeitig für etwas anderes völlig blind sind.

Bewusst fasste ich mich kurz, um keine längere Diskussion anzustoßen. Während ich in meinen Pausen zwischen zwei Coachings etwas Ruhe zu schätzen weiß, nutzt Jacob meine kurze freie Zeit ja gern für einen Plausch.

So wie Christine und die Männer?

Ich kann dir nicht ganz folgen?

Ich habe Christine ja schon erwähnt – sie ist eine gute Freundin von mir, und Jacob mag ihre Hündin Bella sehr.

Redet sie nicht ständig davon, wie sehr sie sich eine Beziehung wünscht? Weil sie meint, ohne einen Kerl nicht glücklich sein zu können? Obwohl sie doch so eine nette Hündin hat. Die Frau sieht meiner Meinung nach echt zu viele Bollywoodfilme ...

Hm, sie ist in dieser Hinsicht wirklich ein kleines bisschen fixiert.

Ein kleines bisschen? Erinnerst du dich, wie wir vier zusammen im Park waren? Als die Sonne schien und ihr Eis gegessen habt (und uns nichts davon abgeben wolltet) und das Leben so schön war? Was hat Christine getan? Dir einen Klagemonolog von ihrem Solo-Leid gehalten. Während sie dabei hektisch nach Kerlen Ausschau hielt.

Dabei kann sie so fröhlich und lebenslustig sein. Und was hat das doch gleich mit dem Gorilla zu tun?

Na, denk doch mal nach: Da laufen uns ständig überall die tollsten Sachen über den Weg. Die das Leben so lebenswert machen, oder vielmehr: machen können. Wie dieser äußerst schmackhafte Knochen eben. Oder von dir gestreichelt zu werden. Und nachher

161

auf die Hundewiese zu gehen. Irgendetwas Schönes gibt es doch wirklich immer. Und wenn es mal echt langweilig wird, kann man schließlich immer noch seinen Schwanz jagen, eine Zeitung zerfleddern oder auf einem Schuh kauen.

Ganz toll. Und die Gorillas?

Christines Gorillas sind doch diese vielen feinen Möglichkeiten, die sie überhaupt nicht wahrnimmt. Nicht weil sie Bälle zählt, sondern ständig daran denkt, dass ihr ein Kerl fehlt. Dabei hat mir Bella erzählt, dass es mit Christines letzten beiden Kerlen gar nicht so gut lief. Das hat sie total ausgeblendet, oder?

Stimmt.

Mich erstaunte immer wieder, was für ein guter Beobachter mein Hund war. Jedenfalls wenn ihn etwas interessierte. Ich widmete mich jetzt demonstrativ wieder meinem Notebook, und Jacob bemühte sich um die optimale Schlafposition in seinem Körbchen. Was ihm aber offensichtlich partout nicht gelingen wollte. Unbefriedigt wandte er sich wieder mir zu und meinte beifällig

Ja, ja, Illusionen ...

Wie bitte?

Menschen lieben eben ihre Illusionen. Das habe ich doch von Alexandra gelernt.

Ich weiß. Illusionen blüh'n im Sommerwind ... und so weiter.

Über Jacobs Gesicht huschte ein verzückter Ausdruck, während er die Melodie kurz anbrummte – um sich dann wieder unseren menschlichen Problemen zuzuwenden:

Ihr lauft so vielen Illusionen blind hinterher. Vor allem wenn ihr glaubt, dass etwas euch ganz bestimmt glücklich machen wird.

Hm.

»Wenn nur mein Chef und mein Bezugsmensch und meine Familie mir mehr Anerkennung und Liebe und Respekt zeigen würden ...«
»Wenn mein Gehalt höher wäre ...«
»Wenn ich eine bessere Figur hätte ...«
»Wenn ich mir das neuste Eierfon leisten könnte ...«
»... dann wäre ich ganz sicher ein glücklicher Mensch!«

Tja.

Das ist wie mit den Eichhörnchen ...

Jacob machte eine dramatische Pause und schaute wichtig – natürlich damit ich ihn fragen konnte, was denn das um alles in der Welt mit Eichhörnchen zu tun habe. Mein Wunsch nach etwas Ruhe war offensichtlich auch eine Illusion. Denn wenn mein Hund ein Thema verfolgen wollte, ließ er sich davon kaum abbringen. Also:

Eichhörnchen?

Weißt du, wenn so ein Vieh über mir im Baum sitzt und schnattert und sich über mich amüsiert, weil ich es nicht erreichen und jagen kann, obwohl ich so gern würde, dann sehe und höre ich für eine Weile auch nichts anderes.

Ich weiß.

Aber bin ich etwa davon überzeugt, dass mein Lebensglück an Eichhörnchen hängt? Selbstverständlich nicht! Dazu bin ich echt zu intelligent.

Während wir Menschen so blöd sind, unseren Glücksillusionen nachzuhängen?

So abwertend hätte ich es jetzt nicht formuliert.

Selbstverständlich nicht.

Hast du vielleicht noch so einen köstlichen Knochen für mich?

Von zwei Knochen kriegst du Bauchweh.

Enttäuschend. Aber ich kann damit umgehen. Ich bin ja glücklicherweise kein Mensch.

Jacob schielte an mir vorbei zu dem Regal, wo ich seine Leckerlis aufbewahrte.

Sonst würde ich mich jetzt grämen und mir ausmalen, wie superlecker noch so ein Knochen wäre. Und davon überzeugt sein, dass ich schrecklich unglücklich sein muss ohne noch einen Knochen, und ich ...

Vergiss es.

Wie gut, dass wir Hunde viel souveräner sind als ihr. Und viel flexibler. Ich krieg kein Leckerli? Fress ich eben Gras. Oder pinkel einen Baum an. Oder belästige ein Eichhörnchen.

Ich bewundere dich.

Aber ihr? »Ich muss Bälle zählen, ich muss Bälle zählen, ich muss Bälle zählen ...«

Ich hab schon verstanden.

Jacob schwieg ungefähr drei Sekunden und warf mir dann seinen verzweifelten Ich-bin-am-Verhungern-Blick zu.

Bitte, bitte gib mir doch noch einen Knochen! Sonst ist mir so langweilig. Und ich krieg ganz bestimmt kein Bauchweh, bitte, bitte, bitte.

Es reicht, Jacob!

Glücklicherweise klingelte die Türglocke.

WICHTIGER, ALS LIEB GEHABT ZU WERDEN

Es war ein sehr schöner Spätsommerabend. Die Sonne stand schon tief und warf ein warmes Licht auf den Hafen vor uns mit seinen großen Schiffen und den Containerbrücken auf der anderen Seite der Elbe. Jacob und ich saßen im Sand, schauten auf das Wasser und beobachteten das entspannte Treiben um uns herum. Ich hatte mir ein Bier geholt, und Jacob kaute zufrieden Karottenstücke. Als die verschlungen waren, wandte er sich mit einem fragenden Blick an mich:

Sag mal, der nette junge Mann, der vorhin bei dir war ...

Ja?

Ich habe nicht ganz verstanden, warum der so traurig war und sich über sein Leben beklagte?

Er hat mir erzählt, dass seine Freundin ihn gerade verlassen habe, weil sie ihn nicht mehr so lieb habe wie früher. Jetzt meint er sogar, sie habe ihn nie wirklich geliebt. Und überhaupt fehlt ihm die Liebe in seinem Leben.

Weil er niemanden lieb hat?

Nein, weil ihn niemand lieb hat. Oder er das jedenfalls denkt.

Meinst du denn, er wäre richtig glücklich, wenn seine Freundin ihn noch lieb hätte?

Bestimmt. Und wenn er mehr Freunde hätte und seine Familie nicht so lieblos mit ihm umgehen würde.

Jacob nickte langsam, ließ seinen Blick über den Strand wandern und wirkte nicht recht zufrieden mit meiner Erklärung.

Siehst du das anders?

Du erinnerst dich doch an Benny?

Na klar, den Labbi, den du »ganz nett, aber etwas beschränkt« findest?

Genau. Ihn halten ja alle für so wahnsinnig anhänglich. Weil er so schrecklich lieb zu allen ist.

Ich weiß. Und er hat angeblich sogar ein Magengeschwür vom vielen Liebsein.

Das Problem ist eher seine ständige Sorge, dass seine Menschen und Hundekumpel ihn nicht doll genug lieb haben könnten. Deshalb macht er so auf Everybody's Darling.

Findest du die Vorstellung, dass niemand dich wirklich lieb hat, etwa nicht schrecklich?

Klar, wenn du mir sagen würdest: Jacob, ich mag dich nicht mehr und will nicht mehr dein Mensch sein, das wäre natürlich sehr schlimm!

Aber du weißt auch, dass das nie passieren kann, oder?

Genauso wie du weißt, dass ich nie aufhören kann, dich lieb zu haben.

Wir lächelten uns an, und mir lief ein sehr schönes Prickeln über den Rücken.

Und was hast du dem netten Mann gesagt?

Ich habe ihm vor allem zugehört und ihn dann gefragt, wie er sich so sicher sein kann, nicht genug geliebt zu werden. Ich glaube, in Wirklichkeit kennt er eine Menge Menschen, die ihn sehr gern haben – seine Wahrnehmung ist momentan wohl nur sehr verzerrt.

Okay ...

Was hättest du ihm denn gesagt?

Ich hätte ihn gefragt, wen er denn alles lieb hat.

Darum ging es ihm doch gar nicht.

Ich weiß. Und genau da liegt euer Problem, wenn du mich fragst. Die Menschen beschweren sich so oft darüber, nicht genug geliebt zu werden. Von ihrem Mann oder ihrer Frau, von den Eltern oder ihren Kindern oder von Freunden und überhaupt.

Klar, weil wir glauben, dass davon unser Glück – oder Unglück – abhängt. Siehst du das nicht so?

Stell dir vor, ich wäre eines Tages nicht mehr da.

Das mag ich mir nicht vorstellen.

Klar. Aber würdest du dann an mich denken als den Hund, der dich liebte? Oder an den Hund, den du geliebt hast?

Beides. Oder wohl eher daran, dass du der Hund meines Herzens warst.

So würde es mir auch gehen. Da war ein Mensch, den ich lieb haben durfte. Das würde mich sehr glücklich machen!

Du meinst, geliebt zu werden, ist nicht so wichtig wie selbst zu lieben?

Natürlich ist es sehr fein, dass uns jemand mag. Ein Hund und sein Mensch können sich immer hundertprozentig sicher sein, vom anderen geliebt zu werden. Vielleicht auch Eltern und Kinder? Aber abgesehen davon, zweifelt ihr doch sehr oft an der Liebe der anderen zu euch, oder?

Das stimmt leider. Und wir verzweifeln, wenn wir nicht so geliebt werden, wie wir hoffen. Wie der junge Mann in meiner Praxis.

Und wie du, als du neulich so schlimmen Lieblingskummer hattest. Jedenfalls glaube ich, Menschen leiden so viel mehr als Hunde, weil sie viel mehr darüber nachdenken, ob sie genug geliebt werden.

Hunde nicht?

Mal abgesehen von Benny. Nein, uns ist viel wichtiger, dass wir jemanden lieb haben. Das macht uns sehr glücklich und das kann uns niemand wegnehmen.

Wirklich?

Vom Lieben und nicht hauptsächlich vom Geliebtwerden zu leben, klang für mich beneidenswert und irgendwie ganz vernünftig.

Der kluge alte Mann im roten Kleid, den du so verehrst, sagt doch nicht:»Arbeitet daran, dass möglichst viele Wesen euch lieben.« Das wäre ja auch nicht sehr klug, oder?

Stimmt. Der Dalai Lama spricht viel von der bedingungslosen Liebe. Und dass sie uns frei macht.

Wenn ihr euch darüber den Kopf zerbrecht – oder das Herz –, weil ihr vielleicht nicht genug geliebt werdet, dann macht euch das doch aber ziemlich unfrei?

Aber stell dir vor, jemand hat gar nicht so viele Menschen, die er lieb haben kann? Weil er vielleicht keine Kinder hat und keinen Partner, keinen allerbesten Freund und keinen Hund?

Jacob schaute mich erst fragend an, zog kurz seine kleinen Stirnfalten hoch und lachte mir dann mit seinem breitesten Grinsen entgegen:

Auf so einen dämlichen Gedanken kann auch nur ein Mensch kommen!

Herzlichen Dank.

Jetzt wurde Jacobs Stimme sanfter, und er sprach mit mir wie mit einem Nachhilfeschüler, bei dem man jede Hoffnung auf Versetzung aufgegeben hat.

Vielleicht kann man zu wenig zu essen haben. Oder zu wenig Sonnenschein oder meinetwegen zu wenige Haare auf dem Kopf. Aber zum Liebhaben gibt es doch unendlich viele Menschen und Tiere und Pflanzen und Dinge und ich weiß nicht was alles. Mach doch mal die Augen auf!

Mit der Pfote zeigte Jacob auf unsere Umgebung und lächelte mich an.

Man kann auch die Natur lieb haben und natürlich das Leben im Allgemeinen.

Langsam verstehe ich.

Sehr schön.

Und weil ihr Hunde ein so großes Herz habt, seid ihr so viel glücklicher als wir?

Und vor allem weil wir einfach die intelligentere Spezies sind.

Du meinst, emotional intelligenter?

Nö, einfach viel intelligenter,

stellte mein geliebter Hund abschließend fest und bummelte zum nächsten Mülleimer, um ihn auf Essbares zu inspizieren.

WAR LASSIE DEPRESSIV?

An einem kalten, regnerischen Herbstsonntag taten wir, was Hund und Mensch an einem regnerischen Herbstsonntag nun mal tun: Wir schauten *Lassie*. Irgendwann hatte ich mal die wichtigste TV-Serie meiner Kindheit erwähnt, und Jacob war sofort höchst interessiert. Ein Hund als Held und Mittelpunkt! Die gesammelten Folgen auf DVD mussten natürlich umgehend bestellt werden. Da an außerhäusige Aktivitäten nicht zu denken war, hatten wir uns nun also auf dem Sofa eingekuschelt und es tatsächlich geschafft, eine ganze *Lassie*-Staffel zu konsumieren.

Während ich gelegentlich wegnickte und die eine oder andere Folge eher unbeachtet an mir vorbeiziehen ließ, war Jacob mit ganzer Konzentration bei der Sache. Als der letzte Nachspann der letzten Folge geendet hatte und das Auswahlmenü erschien, saß mein Hund kerzengrade und hellwach neben mir. Ich räkelte mich langsam hoch aus meinem TV-Koma – und musste mir eingestehen, dass die für mich als Kind ultimativ spannende Fernsehunterhaltung mit den Jahren ein wenig an Faszination verloren hatte. Nicht so für meinen Hund.

Ich halte tatsächlich nicht alles davon für authentisch. Was denkst du?

Äh?

Na, dass sich Lassie zum Beispiel mit einem Wolf anlegte, um ein Berglöwenbaby zu retten? Der gar kein Wolf war, sondern ein verkleideter Hund. Und gekämpft haben die auch nicht wirklich, sondern ausgelassen gespielt.

Jacob, das war ein Film. Ein Film, der Menschenkinder unterhalten soll. Mehr nicht.

Obwohl ich ihm den Unterschied schon häufiger erklärt hatte, gelang es Jacob nicht immer, Fiktion und Realität auf der Mattscheibe zu unterscheiden.

Und der total spannende Film neulich über Wildhunde? Den fand ich sehr realistisch!

Der Film war auch eine Dokumentation, das ist etwas anderes. Die Wildhunde gibt es wirklich.

Aber Lassie gibt es doch auch wirklich!

Den Hund, der Lassie gespielt hat, den gab es schon, genauer gesagt, waren es mehrere Hunde, aber Lassie, so wie du sie im Fernseher siehst, die gab es nicht.

Hm.

Jacob fand meine Erklärung offensichtlich unbefriedigend. Er ging in die Küche, um zu prüfen, ob sich seine Futterschüssel in der Zwischenzeit durch ein Wunder von allein gefüllt hatte, setzte sich dann wieder neben mich und starrte weiter auf den jetzt schwarzen Bildschirm.

Meinst du, Lassie ist ein glücklicher Hund?

Ich entschied mich, nicht weiter darauf zu beharren, dass Hund und Rolle zwei unterschiedliche Dinge waren. Denn es war Sonntag und ich von einer *Lassie*-Überdosis ziemlich schläfrig.

Keine Ahnung. Warum sollte sie nicht glücklich sein?

Na ja, sie scheint den lieben langen Tag nichts anderes im Sinn zu haben, als ihren Menschen zu gefallen.

Ja?

Aber was ist mit Hundespaßdingen? Wann jagt sie schon mal ein Kaninchen oder exploriert den Mülleimer nach Leckereien oder buddelt schöne Löcher im Garten?

Tja, vielleicht gibt es tatsächlich Hunde, die ihren Menschen nicht ständig mit solchen Aktionen auf die Nerven gehen.

Du hast doch eben gesagt, Lassie gebe es gar nicht!

Ich schwieg.

Aber so richtig glücklich wirkt Lassie nicht, oder?

Kann ich echt nicht beurteilen.

Wir schwiegen beide. Ich schloss die Augen in der Hoffnung auf ein kleines Nickerchen.

So wie sie ständig nur Augen für ihren Timmy hat? Als würden gleich Leckerlis aus seinen Taschen kullern. Das ist doch nicht normal!

Wahrscheinlich haben die das bei den Dreharbeiten auch so gemacht, mit vielen Leckerlis.

Jacob überhörte meine unsachliche Bemerkung.

Ich schaue ja auch immer, wo du bist und was du machst und brauchst ...

Ach ja? Dann hab ich mir nur eingebildet, wie du dich gestern mal wieder aus dem Staub gemacht hast und ich hinter dir herbrüllte und du so getan hast, als würdest du mich gar nicht hören?

... aber Lassie ist doch etwas zu sehr fixiert, finde ich. Auch ein Hund braucht schließlich ein eigenes Leben. Muss seine eigenen Sachen machen. Wo kämen wir da hin, wenn wir ausschließlich für das Glück unserer Menschen da wären, meinst du nicht?

Hm.

So sehr wir uns auch gegenseitig brauchen. Du machst schließlich auch Sachen ohne mich. Stell dir vor, man würde ständig um den anderen kreisen wie Lassie um Timmy? Also nein.

Hm.

Ich finde, Hunde und Menschen brauchen ihr Eigenes, um glücklich zu sein.

Das hast du mir schon mal erklärt. Wie wär's mit nem Jodeldiplom?

Mit Loriot-Humor konnte Jacob nichts anfangen – das hatte ich früher schon ausprobiert.

Aber viele Menschen machen das ja auch so. Wie Lassie. Und kreisen und kreisen um ihren Lieblingsmenschen. Als könnte nur der sie glücklich machen, als würden dem Leckerlis aus den Taschen kullern.

Ja, ja.

Und dann wundern sie sich, wenn sie eines Tages depressiv werden. Und einen Psychologen brauchen.

Hm.

Denkst du, dass Lassie depressiv ist?

Nicht auszuschließen.

Obwohl sie ja eher etwas Manisches hat, so überdreht, wie sie meistens ist. Aber glücklich, nein, glücklich ist die nicht. Hörst du mir eigentlich zu?

Klar.

Na, dann geh ich jetzt mal aus der Kloschüssel trinken und kaue dann ein bisschen auf der Fernbedienung.

Hm.
...

Nein! Das lässt du gefälligst!

173

Jacob saß mit halb geschlossenen Augen vor dem S-Bahn-Fenster und blickte verträumt hinaus in die Landschaft, die schnell an uns vorbeizog. Von meinem Platz aus beobachtete ich halb amüsiert seinen verzückten Gesichtsausdruck. Und war gar nicht amüsiert, da mein Hund einen widerlich faulig-fischigen Geruch verströmte. Das erklärte wohl, dass wir diesen Teil des Waggons für uns allein hatten. Menschen am anderen Ende starrten irritiert zu uns herüber. Und wendeten den Blick schnell ab, wenn ich sie entschuldigend anzulächeln versuchte. Am liebsten hätte ich mich zu ihnen gesetzt und vorgetäuscht, meinen Hund gar nicht zu kennen.

Lecker,

murmelte das befremdliche Tier. Offensichtlich sehr zufrieden mit sich und seinem Duft. Als Hundemensch ist man ja zwangsläufig an weniger schöne Gerüche gewöhnt. Aber heute hatte Jacob es geschafft, selbst meine Ekelgrenze deutlich zu überschreiten.

Einfach lecker.

Wir waren nämlich gerade an der Elbe spazieren gegangen, wo Jacob im Sand einen sehr toten Aal entdeckt und sich, bevor ich eingreifen konnte, intensiv darin gewälzt hatte. Lecker. Natürlich war es mir den anderen Fahrgästen gegenüber extrem unangenehm. Aber irgendwie mussten wir ja nach Hause kommen, wo ein ausgiebiges Duschbad auf Jacob wartete.

Wie kann es nur sein, dass dir dieser fiese Gestank so gefällt?

Och.

Sonst findest du doch auch lecker, was ich lecker finde. Zum Beispiel Pizza, Kuchen, Mango …

Na ja, was du dir auf den Hals sprühst, um gut zu riechen – das finde ich echt penetrant. Und wenn meine Decke aus dieser Wassermaschine kommt, mag ich auch nicht daran schnuppern. Die duftet erst wieder richtig fein, wenn ich darauf geschlafen habe.

Wir sind doch sehr unterschiedlich,

bemerkte ich resigniert. Glücklicherweise wurde die Aufmerksamkeit unserer Mitreisenden von uns abgelenkt, als ein Paar, das schon eine Weile sichtbar erregt diskutierte, sich jetzt lauthals stritt und den ganzen Waggon mit gegenseitigen Vorwürfen unterhielt. Jacob hörte ebenfalls interessiert zu, und als wir die Bahn verlassen hatten, nach Hause bummelten und ich die saubere Luft genoss, meinte er augenzwinkernd zu mir:

Gut zu wissen, dass nicht nur Hunde und Menschen sich manchmal nicht verstehen, oder?

Da ist mir doch lieber, wenn du manchmal stinkst, als dass wir uns derart streiten würden.

Ist doch schon merkwürdig, wie unterschiedlich wir die Welt wahrnehmen.

Stimmt. Ich würde schon gern wissen, wie ein toter Fisch für dich riecht.

Wohl etwas anders als für dich,

lachte Jacob und zeigte mit der Pfote auf eine grüne Hecke am Straßenrand.

Ob du dieses Rot so rot siehst wie ich?

Hunde sind bekanntlich farbenblind.

Oder wenn uns etwas wehtut: Wir werden nie wissen, ob sich das für uns gleich anfühlt.

Sind denn für zwei Menschen Gefühle immer gleich? Oder wie sie die Welt sehen?

Keine Ahnung. Aber nachdem ich schon so lange Psychologe bin, glaube ich, dass wir nie in derselben Welt leben.

Nicht in derselben Welt?

Du findest doch zum Beispiel den Postboten beängstigend. Und viele Menschen fürchten sich vor einem knurrenden Hund.

Obwohl der doch nur will, dass mensch ihn in Ruhe lässt! Oder Christine, die sich so vor Spinnen ekelt. Echt eine andere Welt, in der sie lebt ...

Deshalb können wir wohl nie wirklich wissen, wie die Welt für andere aussieht oder riecht oder sich anfühlt.

Komische Idee: Wir leben zusammen und doch nicht in derselben Welt.

Jacob dachte eine Weile nach und meinte dann:

Aber wir können uns doch zumindest Mühe geben, ein bisschen besser zu verstehen, wie die Welt für andere Hunde und Menschen aussieht?

Klar. Auch Menschen müssen sich 'ne Menge Mühe geben, wenn sie sich verstehen und es miteinander auf Dauer aushalten wollen.

Und selbst wenn du zum Beispiel nicht nachvollziehen kannst, wie lecker so ein reifer Aal für mich riecht – du könntest dich doch trotzdem für mich freuen, weil ich mich freue, oder?

So wie du verstehen könntest, warum ich dich gleich in die Dusche stecken und gründlich abseifen werde?

Jacob blieb abrupt stehen und schaute mich voller Entsetzen im Blick an.

Du weißt doch, wie sehr ich Duschen verabscheue!

Und du weißt, dass mir von diesem Fischgestank schlecht wird.

Wir trotteten eine Weile frustriert nebeneinander her.

Na ja, das voneinander zu wissen, macht es ein bisschen leichter, oder?

Für dich das Duschen und für mich, deinen Geruch auszuhalten?

Ja.

Verständnis füreinander lässt uns vielleicht doch in einer Welt leben. Oder uns zumindest näherkommen.

Die beiden Leute, die sich in der Bahn so interessant angeschrien haben, wussten das nicht, glaube ich.

Nee, die wollten wohl nur um jeden Preis recht haben. Und dem anderen zeigen, wie falsch er denkt und fühlt.

Als wenn ihre eigene Welt die einzig richtige wäre! Die fühlen sich bestimmt einsam, wenn sie so nebeneinander in ganz unterschiedlichen Welten leben.

Ich glaube, dass viele Menschen sich einsam fühlen, weil sie so enttäuscht von anderen sind.

Weil sie sich so sehr täuschen? Weil sie geglaubt haben, in derselben Welt zu leben?

Genau. Und manchmal sind sie fassungslos, weil ihre Mitmenschen so anders denken und fühlen und die Welt auf eine andere Art und Weise verstehen.

Deshalb sind wir beide eben viel glücklicher! Weil wir versuchen, uns zu verstehen.

Jacob strahlte mich an. Aber jetzt erreichten wir unsere Haustür, und als ich aufschloss, zögerte er und schaute mich mit seinem flehendsten Straßenhundeblick an:

Ist das echt notwendig? Muss ich wirklich duschen?

Sorry, mein Freund. Wirklich.

Jacob schlich mit eingeklemmtem Schwanz in die Wohnung, als würde ihn dort seine Hinrichtung erwarten. Bevor er aber im Badezimmer verschwand, schaute er mich mit schräg gestelltem Kopf an.

Vielleicht können wir nach dieser schrecklichen Prozedur in einer gemeinsamen Welt etwas Feines zusammen fressen?

Lass mich raten: Du möchtest, dass ich Pizza für uns beide bestelle? Okay, ausnahmsweise.

Wir beide leben doch in einer Welt! In einer sehr, sehr feinen!

Dann verschwand der stinkende Hund mit heldenhaft aufgerichtetem Kopf und Schwanz im Badezimmer. Das Leben ist eben in den Momenten am schönsten, wenn sich unsere so verschiedenen Welten treffen.

DAS MITGEFÜHL DES KETTENHUNDES

Weißt du, ich bin wirklich sehr froh, dass du mir den Namen Jacob gegeben hast.

Wir bummelten durch die Straßen unserer Nachbarschaft und

hörten, wie jemand gerade nach seinen Hund »Wotan« rief. Wir grinsten uns an.

»Wotan« hätte dir etwa nicht gefallen?

Nee.

Was ist mit »Sugar«?

Auch nicht. Genauso wenig wie »Bommel«.

Wir amüsierten uns eine Weile über befremdliche Hundenamen, bis Jacob mich plötzlich ernst anschaute und fragte:

Warum heiße ich eigentlich Jacob?

Das war so: Lange bevor wir uns kennenlernten, war ich mal unterwegs auf einer Wanderung in Spanien. Damals lebte ich allein, weil mein Kater Paul gestorben war. Von dem habe ich dir ja schon erzählt. Und ich dachte zum ersten Mal darüber nach, ob ich nicht mit einem Hund zusammenleben wollte.

Spitzenidee!

Fand ich auch. Und in Spanien gibt es viele Hunde, die kein so schönes Zuhause haben. Deshalb hatte ich mir überlegt, dass ich – falls ich einen treffe, der nicht glücklich ist – ihn adoptieren könnte.

So wie ich damals dich adoptiert habe?

Genau. Und da man diesen Weg, auf dem ich wanderte, Jakobsweg nennt, lag der Gedanke nah, meinen Hund – wenn ich ihn denn je treffe – Jacob zu nennen.

Aber du hast mich doch dort gar nicht kennengelernt?

Nein, damals traf ich keinen Hund, der von mir adoptiert werden wollte. So blieb ich hundelos, bis ich dann später dich traf. Und als klar war, dass wir zusammenbleiben würden, erinnerte ich mich wieder daran. Und fand, dass Jacob zu dir sehr gut passen würde.

Wie gut, dass du nicht auf dem Wotansweg gelaufen bist.

Als wir später zurück zu Hause waren und Jacob gegessen und sich ausgiebig geleckt hatte, fiel ihm wieder ein, worüber wir gesprochen hatten.

Was hast du eigentlich damit gemeint, dass Hunde in Spanien kein schönes Zuhause haben?

Natürlich nicht alle. Aber ich habe auf meinen Wanderungen dort viele Hunde gesehen, die in engen, schmutzigen Käfigen untergebracht waren. Oder an ganz kurzen Leinen ihr Leben fristeten. Deshalb mag ich auch in Spanien nicht mehr unterwegs sein. Ich kann den Anblick dieser armen Wesen nicht ertragen.

Und die Menschen lassen ihre Hunde tatsächlich niemals frei laufen und toben? Als ich in Indien darauf wartete, zu dir reisen zu dürfen, habe ich ja auch die meiste Zeit in so einem kleinen Käfig gesessen. Das war schlimm, aber schließlich waren es nur ein paar Monate und kein ganzes Leben.

Jacob war offensichtlich entsetzt über diese Vorstellung.

Vielleicht dürfen manche Hunde dort auch mal frei herumlaufen. Aber als ich das letzte Mal in Spanien war, traf ich mehrere Hunde, die an einer kurzen Leine vor einer kleinen, schmutzigen Hütte angekettet waren. Und drumherum war alles voller Kot. Diese Armen durften also ganz bestimmt niemals Gassi gehen.

Sonst würden sie ja nicht direkt vor ihre Hütte kacken! So etwas macht hund schließlich nicht freiwillig.

Ich war sehr, sehr böse auf die Menschen und hab sogar überlegt, einen Hund zu befreien und mitzunehmen.

Möglicherweise hätte er sich darüber gefreut.

Ganz sicher!

Jacob wackelte leicht mit seinem Kopf hin und her auf eine Weise, wie Inder es tun – wenn sie weder zustimmen noch widersprechen wollen.

Meinst du etwa nicht?

Na ja, ein Mensch, den man so behandelt, würde wohl alles tun, um von dort wegzukommen. Und die Verantwortlichen für sein Leid wahrscheinlich sogar hassen.

Ein Hund würde das nicht?

Nicht unbedingt.

Das verstehe ich nicht. Warum sollte so ein armer Kettenhund *nicht* seine Freiheit wollen?

Weil er zu seinen Menschen gehört. Auch wenn er im Dreck leben muss, ja, selbst wenn die Leute ihn niemals streicheln und böse zu ihm sind. Für uns ist es am allerwichtigsten, dass wir unseren Menschen nah sind.

Auch wenn sie euch misshandeln?

Manchmal sogar dann. Vielleicht ist das Wichtigste im Leben des armen Kettenhundes, so viel wie möglich vom Leben seiner Menschen mitzubekommen. Vielleicht betrachtet er es als seine Aufgabe, bei ihnen zu sein und auf sie aufzupassen. Und er ist zufrieden, solange er glaubt, dass seine Menschen zufrieden sind.

Ich kapiere echt nicht, warum Hunde so blöd sein können!

Dir mag es ja blöd erscheinen.

Wie würdest du es denn nennen, wenn man sein Leben jemandem widmet, der einen mit Füßen tritt?

Dafür habt ihr in der Menschensprache kein wirklich geeignetes Wort. »Mitgefühl« würde es wohl am besten beschreiben. Wir haben ganz, ganz viel Mitgefühl für unsere Menschen. Klar, auch uns kann man an einen Punkt bringen, an dem es vorbei ist damit. Aber lange nicht so schnell wie bei euch.

Als ich die armen Kreaturen in Spanien sah, ging mir alles Mögliche durch Kopf und Herz. Vor allem war ich sehr wütend. Und für mich war selbstverständlich, dass ein Hund, den man so behandelt, genauso wütend sein müsste. Dass er trotz allem zufrieden sein könnte, bei seinen Menschen zu sein, kam mir nicht in den Sinn. Jacob schien eine Weile intensiv nachzudenken. Dann sagte er leise:

Womöglich lassen wir Hunde zu viel Schlimmes mit uns machen, bevor wir davonlaufen. Aber ihr macht euch definitiv zu schnell vom Acker, wenn jemand nicht nett zu euch ist.

Wie meinst du das?

Erinnerst du dich zum Beispiel daran, als deine Freundin Petra etwas nicht so Tolles getan hatte und du ihr deshalb monatelang aus dem Weg gegangen bist? Du hast geschmollt wie ein Welpe!

Die Erinnerung an diese Geschichte war mir tatsächlich nicht angenehm. Petra hatte mir damals zugesagt, sich für einen Freund und mich um eine Übernachtungsmöglichkeit in ihrem Heimatort zu kümmern. Und mir kurz vor der Abreise gebeichtet, dass sie es vergessen habe – zu spät, um eine Alternative zu finden. Ich fühlte mich damals von ihr im Stich gelassen und stellte unsere – jahrelange – Freundschaft infrage.

Ich war eben gekränkt.

Ihr fühlt euch so schnell gekränkt, und euer Herz wird dann so klein. Kann es sein, dass euch euer Stolz manchmal wichtiger ist als das Mitgefühl mit euren Menschen?

Schon möglich.

Ich dachte an Petra und andere Menschen, bei denen ich tatsächlich meinen Stolz über die Freundschaft gestellt hatte, und fühlte jetzt Traurigkeit in mir aufsteigen. Jacob schaute mich voller Zuneigung an.

Ein Hundeherz ist wohl größer als ein Menschenherz. Und es wird nicht so schnell klein, oder?

Du bist mein Mensch, und ich bin dir treu. Egal, was du tust. Ich bleib immer bei dir. Vielleicht laufe ich mal für ein paar Minuten weg, und manchmal bin ich auch richtig sauer auf dich, aber du bleibst immer mein Mensch.

Wir Menschen können uns von euch Hunden wirklich eine Scheibe abschneiden, wenn es darum geht, mitfühlender zu sein.

Was *willst du mir abschneiden?*

Ist nur eine Redensart.

Jacob ging kopfschüttelnd an mir vorbei.

Anmerkung von Tom:

SPLENDID ISOLATION –
GLÜCKLICH AUF MEINER INSEL?

Solange ich denken kann, war ich ein Katzenmensch. Hunde empfand ich als zu »hündisch«, zu angepasst und abhängig und viel zu sehr auf Menschen fixiert. Mir war nicht sympathisch, dass sie ohne ihre Menschen nicht leben können. Während Katzen ihr

Ding machen und notfalls auch ohne ihren Dosenöffner auskommen. Ich mochte Katzen dafür, dass sie uns im Grunde nicht brauchen.

In meiner Familie wurde Unabhängigkeit immer großgeschrieben. »Wer sich auf andere verlässt, ist verlassen genug«, galt als kluge Lebensweisheit. So habe ich früh gelernt, nur sehr vorsichtig zu vertrauen und im Zweifelsfall besser nur mir selbst. Nicht gerade ermutigend für den Umgang mit der eigenen Spezies.

Mir ist erst während meiner Ausbildung zum Psychotherapeuten klar geworden, wie suspekt mir »hündische Menschen« waren. Die nicht alles dafür taten, unabhängig und stark zu sein. Für Schwäche empfand ich oft Verachtung. Vertrauen war folglich nicht gerade meine starke Seite. Um von mir als vertrauenswürdig akzeptiert zu werden, musste man sich viel Mühe geben, dies unter Beweis zu stellen.

Kein Wunder also, dass ich mich auch beruflich für die Selbstständigkeit entschied. Ich mag es bis heute, mein eigenes Ding zu machen. Aber ich habe glücklicherweise dazugelernt.

Wenn sich Jacob einen Dorn in die Pfote getreten hat, kommt er sofort zu mir, um sich helfen zu lassen. Und wenn sein Bauch wehtut, kuschelt er sich so nah wie nur irgend möglich an mich. Hunde brauchen ihre Menschen und suchen möglichst oft ihre Nähe. Und sie schämen sich natürlich nicht dafür, so »hündisch« zu sein.

Ein Hund hat vielleicht keine Wahl; Vertrauen in seine Menschen liegt wohl in seiner Natur. Wir dagegen *haben* eine Wahl – und entscheiden uns leider viel zu oft, *nicht* zu vertrauen. Und alles zu tun, um andere Menschen *nicht* zu sehr zu brauchen. Was mag uns motivieren zu glauben, dass wir Inseln sind? Oder sein sollten?

Durch meine Arbeit als Coach und Therapeut weiß ich heute, dass vor allem Ängste dahinterstecken: von jemandem abhängig zu sein, der uns ausnutzen könnte, oder jemandem zu vertrauen, der womöglich unser Vertrauen missbraucht. Dazu kommt die Angst vor der Scham, sich dann als dumm oder naiv entlarvt zu fühlen.

Ängste sind auch verantwortlich für ein Phänomen, das wir alle kennen und das schon vor hundert Jahren von dem Ökonomen Otto Neurath benannt wurde: die selbsterfüllende Prophezeiung.

Weil misstrauische Menschen eher negative Reaktionen erwarten, treten sie distanzierter und unfreundlicher auf. Und machen so – das haben Experimente gezeigt – tatsächlich schlechtere Erfahrungen als gutgläubige, vertrauensvolle Menschen.

Daraus entsteht schnell ein stabiler Teufelskreis, wenn man (selbst verursachte!) negative Erfahrungen als Bestätigung der eigenen misstrauischen Haltung interpretiert. Ob meine Familie auf diese Weise den Glaubenssatz, besser nicht zu vertrauen, entwickelt hat? Dass bei mir Ängste im Spiel waren, hätte ich früher wahrscheinlich nicht zugegeben oder gar nicht wahrgenommen. Denn menschlich ist eben auch, dass wir von anderen und uns selbst nicht als ängstlich wahrgenommen werden möchten. Unser Gehirn ist richtig gut darin, so zu tun, als würde es vollkommen rational funktionieren – obwohl es in Wirklichkeit nur kalte Füße hat. Die Konsequenz: Wir reden uns ein, dass es vernünftig ist, nur uns selbst zu vertrauen und uns möglichst unabhängig zu machen. Wir halten es womöglich sogar für ausgesprochen erwachsen, eine Insel zu sein.

Seitdem ich eingesehen habe, dass Misstrauen und meine Ich-mache-es-besser-selbst-Haltung mir und meinen Beziehungen schadeten, arbeite ich – bis heute – daran, eine »hündischere Einstellung« zu entwickeln. Ich bin überzeugt: Man kann Vertrauen tatsächlich lernen. Dafür braucht es Mut – der mir bis heute manchmal noch fehlt. Von Menschen auf eine gute Weise abhängig zu sein und vertrauen zu können, ist »work in progress«. Lebenslang.

WIR SIND NICHT GLÜCKLICHE MENSCHEN, OBWOHL WIR ANDERE BRAUCHEN, SONDERN WEIL WIR BEDÜRFTIG SIND. MENSCHEN SIND, GENAU WIE HUNDE, GANZ GEWISS KEINE INSELN.

6. KAPITEL

WAS IST DER SINN? UND WAS IST UNSINN?

DAS GLÜCK LIEGT IN DEN WOLKEN

Diese Wolke sieht aus wie ein ganz fetter Fisch.

Und die da wie ein Knochen!

Die da hinten wie ein tanzender Mensch.

In der Wolke genau über uns erkenne ich ganz deutlich ein Stück Torte mit viel Sahne obendrauf.

Guck mal, dort schwebt ein Hundekopf.

Der sieht aus wie der gezeichnete Hund, der immer so kluge Sachen sagt.

Snoopy?

Genau der! Und daneben sehe ich einen großen Teller Spaghetti mit ganz viel Käse.

Wieso siehst du eigentlich in jeder Wolke etwas Essbares?

Fragst du mich das ernsthaft?

Jacob und ich waren in Dänemark und hatten uns in einer Dünenmulde niedergelassen, wo wir die Wärme der Frühlingssonne genossen. Es war fast windstill. Insekten surrten geschäftig um uns herum, und es roch nach Heide und Strandhafer. Das Meer konnten wir in der Ferne leise rauschen hören. Ich lag auf dem Rücken auf einer Decke, Jacob hatte sich in meine Armbeuge gekuschelt, und wir beobachteten die weißen Wolkenberge, die am strahlend blauen Himmel elegant über uns schwebten.

Ein fliegender Drache!

Und dort eine fliegende Hundewurst!

Hundewurst? Du meinst ein Hotdog, oder?

Klar. Ist es nicht toll, dass man so viele feine Sachen in den Wolken sehen kann?

Hm.

Und dabei das Meeresrauschen zu hören. Und der Duft von Frühling in der Luft mit dieser köstlich fischigen Note, ist das nicht schön?

Wunderschön!

Da braucht es doch wirklich nicht mehr zum Glücklichsein, oder was denkst du?

Vollkommenes Glück!

Im Augenwinkel nahm ich wahr, dass Jacob mich anschaute.

Ist irgendwas?

Er erhob sich und tippelte von einer Pfote auf die andere wie ein Fußballer, der sich nicht entscheiden kann, mit welchem Fuß er aufs Tor schießen möchte. Mit dem Blick nach oben in die Wolken meinte Jacob leise zu mir:

Weißt du, wenn wir hier am Meer sind oder auch beim Wandern in den Bergen – dann bist du ganz anders als zu Hause in der Stadt.

Was meinst du mit »anders«?

Na ja, hier freust du dich über Drachen und Fische in den Wolken. Aber zu Hause ... Da kommst du gar nicht auf die Idee, mal nach oben zu schauen.

Wirklich?

Und du kannst hier stundenlang mit mir auf unserer Terrasse sitzen und einfach nur in die Landschaft schauen. Du freust dich über Gerüche und sogar über die Stille und bist so rundum zufrieden mit allem.

Und zu Hause nicht?

Nee, zu Hause nicht. Oder zumindest viel, viel seltener.

Mein Hund war ungewohnt ernst. Das Thema lag ihm offenbar am Herzen.

Im Alltag gehen mir so viele Dinge durch den Kopf, die mich beschäftigen. Und mir manchmal Sorgen machen.

Deshalb hast du dort keine Zeit, die Luft zu schnuppern oder dir die Wolken anzusehen? Ehrlich?

Tja, nein. An mangelnder Zeit liegt es wohl nicht.

Bei diesem Thema fühlte ich mich unbehaglich. Die Leichtigkeit, mit der ich mich eben noch über Wolken freuen konnte, hatte sich in Luft aufgelöst.

Zu Hause hast du schließlich jede Menge Zeit, um auf dein kleines Computerdings zu gucken und hektisch darauf herumzutippen. Aber für schöne Dinge? Wie oft schaufelst du beispielsweise köstlich duftendes Fressen in dich hinein, während du in den Fernseher glotzt? Ich glaube, du kriegst dann nicht mal mit, dass du überhaupt isst, oder?

Möglich ...

Oder du sitzt auf einer Bank im Hundepark und telefonierst die ganze Zeit – anstatt dich über die schöne Umgebung zu freuen und deinem Hund beim Spielen zuzuschauen.

Leider hatte Jacob vollkommen recht.

Was bringt es dir denn, wenn du dich mit mehreren Dingen gleichzeitig beschäftigst?

Na ja, ich könnte darauf antworten: »Ich schaffe auf diese Weise eine Menge.« Aber das wäre wohl Quatsch. Ich glaube, es macht mich nur immer hektischer. Und offensichtlich blind für Wolken und andere schöne Dinge.

Jacob legte sich wieder auf unsere Decke und drückte sich ganz eng an mich, als wollte er mich trösten. Ich atmete tief durch.

Weißt du, für einen Hund ist die Welt wie diese Wolken. Es gibt immer wieder etwas Spannendes darin zu entdecken! Nie wird es langweilig, wenn man Augen und Nase und Ohren weit aufmacht. Und das fühlt sich so prickelnd und lebendig an. Geht dir das jetzt nicht auch so?

Oh ja, es ist sehr schön, die Insekten zu hören, die ganz unterschiedliche Geräusche machen! Das Rauschen des Meeres, das sich verändert, je nachdem, woher der Wind weht, auch die Gerüche wechseln und das Licht in den Wolken.

Gar nicht so schwierig, oder?

Überhaupt nicht schwierig. Es fühlt sich an, als müsste ich nur mal ein Fenster öffnen in mir und all die vielen Eindrücke reinlassen.

Wieso glaubt ihr Menschen eigentlich, dass ihr ständig irgendwas wahnsinnig Wichtiges tun müsst? Oder irgendeinen banalen Mist lesen oder anschauen oder erzählen?

Ich beschäftige mich aber nicht nur mit Banalitäten!

Auf jeden Fall kriegst du viel zu selten mit, was um dich herum geschieht. All das Interessante und Feine und Leckere!

Es wäre wirklich schön, wenn sich das Leben öfter so lebendig anfühlen könnte wie jetzt.

Und das geht nicht?

Ich weiß nicht ... Doch, bestimmt geht das.

Jacob nickte und lächelte mich aufmunternd an.

Ich frage mich nur, was jemand dir sagen würde, der weniger Freiheiten hat als ich. Der den ganzen Tag im Büro sitzen muss. Oder hinter einer Ladentheke stehen und auch nach dem Job viele Verpflichtungen hat.

Was meinst du denn, was so jemand sagen würde?

Vielleicht dass es ein Luxus ist, den er nicht hat. Weil es so viel zu erledigen gibt. Und dass ihm keine Zeit dafür bleibt, sich zu besinnen.

Keine Zeit, um seine Augen und inneren Fenster mal ganz weit aufzumachen?

Vielleicht ...

Aber die Leute haben doch so viel Zeit für alle möglichen Dinge, die ihnen nicht unbedingt gute Gefühle machen. Oder?

Das ist wahr. Sachen kaufen, die man nicht wirklich braucht. Stundenlang ohne Ziel im Internet herumirren. Mit Leuten, die uns eigentlich egal sind, Belanglosigkeiten austauschen. Und natürlich fernsehen. All das macht nicht wirklich gute Gefühle.

Weißt du, was ich glaube?

Jacob richtete sich sehr gerade auf und verkündete in seinem ernsthaftesten Ton:

Ich glaube, dass die Menschen es einfach nur verlernt haben. Als Welpen habt ihr euch doch schließlich noch für alle möglichen spannenden Dinge interessiert!

Tja, als Kind war das noch einfach.

Aber dann werdet ihr älter und macht eure Fenster immer seltener auf. Bis ihr eines Tages vergesst, dass ihr überhaupt welche habt!

Dabei tapste er mit einer Pfote sanft an meinen Kopf.

Hm.

Erzählst du deinen Leuten nicht immer, man kann neu lernen, was man verlernt hat?

Sicher.

Dann solltest du das Fensteröffnen unbedingt wieder lernen, finde ich!

Ja?

Wenn wir zu Hause sind, schauen wir uns mindestens einmal in der Woche gemeinsam Wolken an, okay?

Abgemacht.

Und dein Computerdings bleibt zu Hause, wenn wir zusammen spazieren gehen.

Öh ...

Denn anstatt zu telefonieren, hältst du mit mir nach interessanten Dingen Ausschau.

Aber ich muss dann nicht an ihnen schnuppern und lecken?

Das überlegen wir dann ...

KAHMAH

Musste das heute auch noch sein?! Manchmal könnte ich dich ...

Obacht! Das ist jetzt echt nicht förderlich für dein Kahmah!

Mein was?

Ich war gerade zurück in meine Wohnung gekommen und fassungslos: Der gesamte Inhalt eines gelben Müllsacks, den ich in meiner Hektik offensichtlich vergessen hatte rauszubringen, war im Flur verteilt. Zerbissen, ausgeleckt und in viele, viele kleine Teile zerlegt. Solche Aktionen denkt sich mein Hund am liebsten an Tagen aus, an denen meine Nerven ohnehin etwas angespannt sind.

Dein Kahmah! Wenn du so unhöflich zu mir bist, ist das gar nicht fein für dein Kahmah.

Ist mir gerade total egal. Ich bin einfach nur stinksauer! Musste das sein? Wirklich?

Echt nicht cool ... Wenn du mich allein lässt und ich Langeweile habe und du mir diesen überaus interessant riechenden Beutel mit schönen Sachen hinstellst – dann schaue ich mir das natürlich etwas genauer an.

Und musst all die schönen Sachen dann natürlich auch noch zerstückeln. Logisch. Obwohl du genau weißt, dass das Müll ist, der absolut nicht für deine neugierige Nase gedacht ist, sondern in den Mülleimer gehört, verdammt noch mal.

Wahrscheinlich gab ich noch ein paar mehr unfeine Bemerkungen von mir, an die ich mich nicht mehr erinnere. Jedenfalls saß Jacob dann mit dem Gesicht zur Wand in seinem Körbchen und war beleidigt. Nachdem ich die Sauerei aufgeräumt und den Boden gewischt hatte und nicht mehr ganz so wütend war, ging ich zu ihm und fragte ihn in einem versöhnlichen Ton:

War das denn wirklich notwendig? Dir war doch klar, dass ich mich ärgern würde, oder?

Ist es denn wirklich notwendig, sich so aufzuregen? Obwohl du doch weißt, dass dein Hund so eine Tüte mit Köstlichkeiten unmöglich unbeachtet lassen kann?

Manchmal bin ich einfach nur müde.

Ich möchte noch einmal betonen: Für dein Kahmah ist das gar nicht gut, laut und gemein zu mir zu sein!

Was redest du da eigentlich?

Das weißt du nicht? Dass man in seinem nächsten Leben Punktabzug kriegt, wenn man in diesem Leben etwas Unfeines tut?

Ach, Karma! Du redest vom Karma? Seit wann glaubst du denn an Wiedergeburt?

Selbstverständlich! Schon seit vielen Leben! Ich wurde schließlich als Inder geboren, und wir glauben nun mal an Kahmah.

Die Diskussion nahm eine unerwartete Wende. Hinter der ich allerdings eher ein Ablenkungsmanöver meines Hundes vermutete.

Karma, es heißt Karma. Lass mich raten: Das hast du von einem Yogalehrer an deinem Strand aufgeschnappt, stimmt's?

Nee, Kalli hat davon erzählt. Weil doch seine Menschen Buddhisten sind. Und weil er meinte, dass ich wegen meiner Herkunft einen Zugang zu den Mysterien des Universums haben müsste. Habe ich ja auch.

Schon klar.

Glaubst du etwa nicht an den ewigen Kreislauf von Geburt und Tod?

Na ja, ich halte es eher für unwahrscheinlich, dass es ein Leben nach dem Tod gibt.

Wirklich? Warum?

Weil ich denke, dass unser Geist aus dem Gehirn resultiert. Und wenn das seinen Geist aufgibt, ist eben Schluss.

Jacob begegnete der Körper-Geist-Dualität auf seine typisch pragmatische Weise:

Ich finde, das ist eine echt coole Sache! Und weil ich ja ein sehr netter und feiner Hund bin, dürfte mein nächstes Leben richtig prima werden.

Weil du als Mensch wiedergeboren wirst?

Wie kommst du denn darauf? Natürlich nicht! Ich denke, ich werde in meinem nächsten Leben ein sehr intelligenter, mittelgroßer Hund mit süßen Schlappohren und dekorativen hellbraunen Flecken sein.

Also genauso, wie du heute bist?

Klar. Besser geht doch nicht, oder?

Das wäre dann ja geklärt. Glückwunsch. Und da mein Karma offensichtlich zu wünschen übrig lässt, habe ich wohl keine Chance, als dein Mensch wiedergeboren zu werden ...

Diesen Aspekt hatte Jacob anscheinend noch nicht bedacht.

Oh, das wäre aber gar nicht schön. Auch wenn du mir manchmal auf die Nerven gehst – ich will natürlich auch im nächsten Leben mit dir zusammen sein.

Tja.

Dann streng dich doch bitte in Zukunft ein bisschen mehr an, ja?

Okay, ich werde mir Mühe geben. Wenn du dir Mühe gibst, Müllsäcke und Altpapier in Ruhe zu lassen. Deal?

Du bist manchmal so kleinlich,

bemerkte mein Lieblingshund und verschwand im Flur. Wohl um zu prüfen, ob ich möglicherweise etwas Müll übersehen hatte. Zurück im Wohnzimmer stupste er mich mit seiner großen schwarzen Nase an und meinte:

Glauben die Leute hier eigentlich, dass nach dem Tod alles vorbei ist? Dass man nicht wiederkommt? So wie du?

Viele Menschen glauben an Wiedergeburt. Auch wenn sie keine Buddhisten sind wie Kallis Leute. Und andere glauben, dass sie ins Paradies kommen.

Wo ist das denn?

Das Paradies ist ein wunderschöner Ort, an dem alles perfekt ist. Für dich wäre wohl das Interessanteste daran, dass es dort das allerbeste Essen gibt. So viel man möchte. Glauben jedenfalls einige Menschen.

Boah, das klingt supertoll! Den ganzen Tag Pizza und kein Mensch, der einen damit nervt, wie ungesund das ist?

Exakt.

Und da kommt man einfach so hin? Oder muss man dafür irgendetwas tun?

Es heißt, dass man sich gut benehmen und nett zu seinen Mitmenschen sein muss, um ins Paradies zu kommen. Eigentlich genauso wie beim Karma.

Klingt auch sehr fein.

Da gibt's allerdings einen Haken: Manche glauben nämlich,

man müsse in diesem Leben auf vieles verzichten, um sich fürs Paradies zu qualifizieren. Gier, Sex, Egoismus, hemmungsloses Fressen und so weiter.

Um dann im Paradies hemmungslos fressen zu dürfen?

So ungefähr.

Jacob glotzte mich an.

Schräg. Ich soll mich jetzt zurückhalten, nicht an mein eigenes Wohl denken und sogar auf Fressen verzichten?

Immerhin ist die Belohnung Party in Ewigkeit. Oder ein paar Tausend tolle weitere Leben. Je nachdem.

Und wenn nicht?

Wenn was nicht?

Na, was ist, wenn das gar nicht stimmt? Wenn man auf viele feine Dinge verzichtet, die einen heute glücklich machen – und am Ende heißt es: »Ätsch, ist nichts mit Paradies oder Wiedergeburt!«

Das ist wohl das Risiko bei der Sache. No risk, no Pizza.

Das ist mal wieder typisch Mensch. Am Ende gibt es immer einen Haken bei euch. Immer!

Tja.

Nicht gemein zu anderen sein – das kriege ich hin. Und Sex? Geschenkt.

(Jacob ist kastriert.)

Aber meinen gesunden Appetit zügeln? Mein Leben lang?

Du bist ja ganz blass.

Ich denke, ich sollte den Schwerpunkt meiner Bemühungen weiterhin auf dieses Leben konzentrieren.

Und weiterhin meine Müllsäcke schreddern und deinem Menschen auf die Nerven gehen?

Jacob lächelte unschuldig und zeigte die Andeutung eines Nickens.

Was wäre, wenn die Konsequenzen deines Handelns nicht erst im nächsten Leben auf dich warten?

Häh?

Also wenn du zum Beispiel nach so einer Aktion wie vorhin heute deine Hundeserie nicht schauen dürftest?

Das wäre total fies von dir! Da könntest du dein Kahmah aber voll vergessen! Würde mich nicht wundern, wenn du dann im nächsten Leben mit einem richtig garstigen, dummen, nicht stubenreinen Hund zusammenleben müsstest!

Das klingt ein wenig nach Erpressung?

Nö, Kahmah.

EIERFON ODER GUMMIHUHN?

Das war super!

Finde ich auch.

Wir hatten so viel Spaß, Bella und ich! Sie ist wirklich supernett!

Jacob war ganz euphorisiert von unserem Besuch bei meiner Freundin Christine und ihrer Hündin Bella. In der S-Bahn konnte er gar nicht still sitzen und trippelte aufgeregt von einer Pfote auf die andere.

Krieg ich übrigens auch so ein Dingsda, wie Bella es hat? Mit dem wir gespielt haben?

Meinst du etwa dieses geschmacklose Gummihuhn?

Ein Superteil!

Tatsächlich hatten sich die beiden Hunde stundenlang mit dem Ding beschäftigt. In meinen Augen war diese Nachbildung eines gerupften Huhns aus Gummi eine wahre Scheußlichkeit. Aber die Geschmäcker sind ja bekanntlich verschieden. Insbesondere zwischen Hund und Mensch.

Okay, das nächste Mal, wenn wir im Futtergeschäft sind, schauen wir danach.

Meinst du, es ist sehr, sehr teuer?

Das kann ich mir nicht vorstellen. Wieso?

Na, weil man damit doch so viel Spaß hat!

Ich verstehe. Du meinst, etwas, mit dem man wenig Spaß hat, kostet wenig. Und teuer ist, was viel Spaß bringt?

Selbstverständlich. Wieso grinst du so?

Herzlich willkommen in der Marktwirtschaft. Die funktioniert leider nicht ganz so – das eine hat mit dem anderen meistens herzlich wenig zu tun.

Du meinst, Menschen geben tatsächlich viel Geld für etwas aus, das ihnen nicht viel Freude macht?

Das kommt vor. Und manchmal eben auch umgekehrt. Wie dein Gummihuhn.

Jacob trippelte nicht mehr, setzte sich neben meinen Sitz auf den Boden und schaute in die vorbeiziehende Stadtlandschaft. Und fragte mich dann:

Das Auto, das sich Gert vor einer Weile gekauft hat. War das teuer?

Oh ja, das war richtig teuer!

Hab ich mir schon gedacht. Er hat sich daran aber nicht lange gefreut, oder?

Wie kommst du darauf?

Na ja, erst sprach er über nichts anderes – bevor er es endlich hatte. Mit so einem Leuchten in den Augen wie ein Hund vor seiner vollen Futterschüssel. Als er es dir dann neulich vorführte, war er total begeistert und stolz. Und gestern hat er es gar nicht mehr erwähnt.

Stimmt. So ist es bei uns Menschen wohl ziemlich oft. Wir geben viel Geld für etwas aus, versprechen uns davon Glücksgefühle – aber nach ein paar Tagen oder spätestens Wochen ist es eine Selbstverständlichkeit, und wir denken kaum noch daran.

Habt ihr dann keine Glücksgefühle mehr?

Nö.

Jacob sah wieder eine Weile schweigend aus dem Fenster.

War das mit mir auch so? Hattest du auch keine Glücksgefühle mehr, ein paar Wochen, nachdem ich bei dir eingezogen war?

Natürlich nicht! Das ist etwas völlig anderes! Du bist doch kein Gegenstand wie ein Auto.

Allein der Gedanke, ich könnte die Liebe zu meinem Hund und mein Interesse für ihn nach ein paar Wochen verlieren, tat mir richtig weh im Herzen.

Manchmal verlieren Menschen tatsächlich die glücklichen Gefühle für andere Menschen. Sogar wenn sie die lange sehr gern hatten. Aber nie für ihre Kinder und niemals für ihre Hunde! Selbst wenn die sich noch so sehr danebenbenehmen.

Da bin ich aber beruhigt,

meinte Jacob cool. Ich vermute, er hatte nicht ernsthaft mit einer anderen Antwort gerechnet.

Hast du eigentlich für dein kleines Computerdingsda viel von deinem Geld weggeben müssen?

Du meinst mein iPhone? Ja, das war nicht gerade billig.

Wie ist es mit Seifenblasen? Sind sie denn sehr teuer?

Nö.

Und der Eintritt in unseren Wildpark, wo wir so gern sind?

Eher preiswert. Für dich sogar umsonst.

Obwohl wir dort so superviel Spaß haben?

Genauso wie das Open Air Kino, wo es dir neulich so gut gefiel, als wir diesen kitschigen Hundefilm sahen.

Oh ja, das war großartig! Auf der Wiese sitzen, etwas Feines knabbern und dabei auf diesen riesigen Fernseher schauen.

Jacob grübelte wieder eine Weile vor sich hin.

Wie oft könnte man wohl für das Geld, das Gerts Auto gekostet hat, in den Wildpark oder in das Wiesenkino gehen?

Ich musste lachen. Welcher Mensch käme auf die Idee, diese Dinge gegeneinander aufzurechnen! Ich überlegte.

Sehr, sehr oft. Mindestens 5000 Mal.

Wie bitte?!

Er schaute entsetzt zu mir hoch. Obwohl er sich Zahlen über zehn gar nicht vorstellen konnte, verstand Jacob, dass dies wirklich sehr oft sein musste.

Hast du dir mal die Leute im Park oder im Kino angesehen?
Die meisten strahlen richtig, weil sie sich so freuen, dort zu sein.
Und sie sehen viel entspannter aus als sonst in der Stadt.

Stimmt. Das fällt mir zum Beispiel auch immer auf, wenn wir mit der Fähre auf die andere Elbseite fahren. Oder die glücklich aussehenden Menschen, die wir treffen, wenn wir sonntags einen langen Spaziergang machen. Und das gibt es sogar gratis!

Also glücksmäßig rechnet sich das alles doch nicht.

Wie meinst du das?

Na ja, so ein Auto oder dein Eierfon mögen feine Dinge sein. Aber sie machen euer Leben doch wirklich nicht viel glücklicher.

Könnte man so sagen, ja.

Ihr müsst für das viele Geld, das ihr dafür ausgebt, richtig doll viel arbeiten. Und wie oft beschweren sich Menschen, dass sie nicht genug davon verdienen und unbedingt mehr brauchen! Oder dafür viel zu viel arbeiten müssen.

Das stimmt.

Und haben nicht viele Leute deshalb zu wenig Zeit für ihre Menschen? Oder um in den Park zu gehen oder ins Kino?

Das stimmt auch.

Jacob schüttelte langsam den Kopf und schaute mich mitleidig an. Ich ahnte natürlich, was jetzt kommen würde.

Ihr bildet euch so viel auf eure Schlauheit ein. Und dass ihr so toll mit Zahlen umgehen könnt.

Na ja ...

Ich mag ja mit der Mahtetiek meine Probleme haben. Hunden liegt das nun mal nicht so. Dass aber eure Rechnung hinten und vorn nicht stimmt, das kapiere sogar ich! Für so ein Eierfon könnte man viele, viele Gummihühner kaufen und in den Wildpark gehen und tolle Filme sehen. Und Fähre fahren.

Das könnte man zweifellos.

Wenn also mensch sich nicht teure Autos kaufen würde und den ganzen nutzlosen Kram, den ihr so gern anhäuft – dann müsste er doch weniger arbeiten. Könnte mehr spazieren gehen, in der Sonne liegen und viel öfter hinter Seifenblasen herjagen.

Ein Ökonom würde dir wahrscheinlich heftig widersprechen.

Wieso?

Weil unsere Wirtschaft nur dann funktioniert, wenn wir viel Geld verdienen und damit viele Dinge kaufen.

Und wenn keiner mehr viel arbeiten und viele Dinge kaufen will?

Dann geht die Wirtschaft den Bach runter.

Ja?

Dann hätten wir keine Arbeit mehr.

Und was würdet ihr dann tun?

Man könnte dann nur noch Sachen machen, die nicht viel Geld kosten.

Öfter in den Park gehen?

Zum Beispiel.

Und Seifenblasen blasen.

Ab und zu.

Weißt du, dann würde ich dich auch mal mit meinem Gummihuhn spielen lassen.

Na, wer braucht denn dann noch ein iPhone!

Endlich hast du's kapiert. Ich bin sehr stolz auf dich!

WAS MAN NICHT ÄNDERN KANN

Jacob und ich wanderten auf einem Weg, der uns entlang der Elbe stadtauswärts führte. Schon seit einer Weile folgte uns ein hoher dunkelgrauer Wolkenberg, der nichts Gutes verhieß und uns langsam, aber sicher einholte. Auch schnelleres Gehen half nicht, und bald begannen schöne große, schwere Regentropfen, auf uns herabzupladdern. Immerhin schafften wir es unter einen einsamen Baum. Dort standen wir jetzt ganz nah am Stamm und hofften, den Guss halbwegs trocken zu überstehen. Aber es dauerte nicht lange, bis das Wasser seinen Weg zu uns fand. Meine leichte Sommerjacke war ihm leider nicht gewachsen und kapitulierte bald. Instinktiv zog ich die Schultern hoch und den Kopf ein und spannte jeden verfügbaren Muskel meines Körpers an. Jacob dagegen – einer der wasserscheuesten Hunde des bekannten Universums – saß vollkommen entspannt neben mir und ließ den Regen ungerührt an sich herunterlaufen. Als er registrierte, wie angestrengt und missmutig ich neben ihm stand, warf er mir einen mitleidigen Blick zu.

Meinst du etwa, du wirst weniger nass, wenn du dich derart verkrampfst?

Ähm, nein.

Dann mach dich doch mal locker.

Mir ist kalt.

Mir auch.

Ich finde den Regen ganz scheußlich!

Ich auch.

Ich will hier weg. Nach Hause. Vor den Kamin.

Ja und?

Nichts und.

Mir war ja bewusst, wie kindisch es war, wegen des bisschen Regens so beleidigt zu tun. Immerhin konnte ich mich davon abhalten, mich trotzig auf den matschigen Boden zu werfen und »Ich will nach Haus!« zu brüllen. Aber ich war natürlich machtlos gegen die Reaktion meines Hundes, der – so wie ich ihn kannte – die Gelegenheit für ein paar belehrende Worte nicht ungenutzt vorbeiziehen lassen würde.

Dozierst du nicht gern darüber, wie mensch durch Muskelanspannung seinen Stress noch verschlimmert?

Gelegentlich.

Und wenn du mal ein bisschen lockerlassen könntest, würdest du dich nach deiner Theorie besser fühlen, oder?

Hm.

Meine innere Souveränität ließ gerade wirklich zu wünschen übrig.

Warum, verdammt noch mal, bist *du* nicht genervt? Als indischer Hund? Du bist doch in der Sonne aufgewachsen!

Ganz ruhig, mein Blonder.

Und jetzt stehst du klitschnass in diesem scheißkalten Regen und machst einen auf Buddha!

Du bist mal wieder kindisch.

Das konnte ich leider nicht bestreiten.

Okay. Ich gebe auf.

Gut.

Etwas herablassend blickte Jacob zu mir hoch. Ohnehin war der Punkt erreicht, an dem ich nicht mehr nasser werden konnte. Der letzte eben noch trockene Quadratmillimeter meiner Unterhose war nass. Ich gab auf.

Wir sind nun mal nass. Und wir können nichts, aber auch gar nichts dagegen machen.

Können wir nicht.

Tatsächlich war mir gar nicht so kalt, wie mein inneres trotziges Kind behauptete. Und je mehr ich losließ, desto besser wurde auch meine Laune. Bis ich sogar ein wenig über mich selbst grinsen konnte.

Mir gefällt das: Wir werden nicht weniger nass, wenn wir uns verspannen und meckern. Banal – aber trotzdem sehr wahr.

Und für eure Spezies gar nicht so selbstverständlich, oder?

Bitte?

Na ja, euch läuft doch oft mal etwas nicht so Feines über den Weg, das ihr nicht ändern könnt, oder? Ein Termin, auf den ihr keine Lust habt, oder eine Aufgabe, vor der ihr euch nicht drücken könnt. Wenn jemand zum Beispiel wagt, euch die Vorfahrt zu nehmen, oder sich erdreistet, Plastik in den Papiercontainer zu werfen.

Stimmt. An Gelegenheiten, sich ordentlich zu ärgern, gibt es wirklich keinen Mangel. Vor allem wenn sich unsere lieben Mitmenschen mal wieder nicht so benehmen, wie wir es gern hätten.

Weißt du noch, wie sehr du dich neulich aufgeregt hast, als dieser Mensch dir das Paket mit irgendeinem neuen Spielzeug nicht gebracht hat?

Jacob lachte über die Erinnerung an seinen sich aufregenden Menschen.

Natürlich! Der ließ meinen schönen neuen Monitor als unzustellbar zurückgehen, weil er offensichtlich zu faul war, bei uns zu klingeln! Was für eine Unverschämtheit!

Klar.

Ich habe mich dann ja auch gehörig beschwert!

Was allerdings – nicht ganz überraschend – keine Konsequenzen hatte ...

Natürlich nicht.

Wäre es da nicht etwas klüger gewesen, sich die Stresshormone für Situationen aufzusparen, in denen du tatsächlich etwas ausrichten kannst?

Möglich. Aber es ist eben sehr menschlich, seine Wut rauszulassen.

Menschlich schon – das ist ja genau das Problem! Ihr merkt überhaupt nicht, dass ihr euch manchmal verhaltet wie ein Eichhörnchen auf Koks.

Woher weißt du denn, was Koks ist?!

Egal. Hauptsache, ihr könnt euch ordentlich aufregen, gell?

Hm.

Hast du nicht vor Kurzem jemandem erklärt, dass es neurobiodingsda überhaupt keinen Sinn macht, seinem Ärger immer und immer wieder freien Lauf zu lassen?

Neurobiologisch. Hab ich das?

Du sagtest so was wie: »Unser Gehirn ist wie ein Muskel – Gedanken und Gefühle, die wir häufig abrufen, werden nur immer stärker.«

Das ist wohl wahr,

     musste ich kleinlaut zugeben.

So wie vorgestern, als du mal wieder vom Lärm der vielen Baustellen schwer genervt warst. Als ich dann aber den konstruktiven Vorschlag machte, dass wir ja aufs Land ziehen könnten, wolltest du davon nichts hören. Nein, der Herr wollte lieber schön genervt sein.

Und ich kenne einen Hund, der sich aufregt, wenn ein anderer Hund ihn nur schräg anschaut. Oder ein Rüde einen Laternenmast markiert, gegen den er selbst gerade gepinkelt hat.

Selbstverständlich! Solche Frechheiten kann hund doch nicht auf sich sitzen lassen! Aber weißt du, was uns unterscheidet?

Ich bin gespannt.

Hund sagt, bellt oder knurrt, was nun mal gesagt, gebellt oder geknurrt werden muss. Nur schaltet er dann sofort wieder runter und kümmert sich um die feinen Dinge des Lebens.

Während mensch sich stundenlang weiterärgert?

Exakt. Und besonders dann, wenn sein Ärger sowieso nichts bewirken kann.

Wie zum Beispiel, wenn ein erwachsener Mann im Regen verkrampft unter einem Baum steht und schmollt wie ein dreijähriges Kind?

Jacobs grinste mich an, und ich grinste zurück. Eine Weile lauschten wir einfach dem Regen, der langsam nachzulassen schien.

An meinem Strand hab ich manchmal den Meditationslehrern zugehört. Die haben ihren Schülern beigebracht, wie man lernt, mit dem Unabänderlichen umzugehen. Zum Beispiel sollten die sich ans Meer setzen und sich immer wieder bewusst machen, dass sie die Wellen nicht stoppen können. Oder wenn es besonders heiß war, sich zu vergegenwärtigen: »Es ist heiß, und ich kann es nicht ändern.«

Und du hast das ausprobiert?

Klar! Ich konnte das nämlich echt gut gebrauchen. Wenn ich manchmal verzweifelt war, weil ich schlimmen Hunger hatte, aber nichts zu essen. Oder traurig oder wütend, wenn jemand gemein zu mir war. Da habe ich doch lieber gelernt, diese sehr unfeinen Dinge zu akzeptieren.

Dagegen ist es bestimmt keine große Sache, ein bisschen Regen zu akzeptieren, oder?

Nö. Anfängerkram. Auch wenn ich natürlich lieber zu Hause vor dem Kamin säße. Aber kann ich es ändern? Außerdem ist es schließlich nur Wasser.

Stimmt, es ist nur Wasser.

Ich freute mich sehr, dass ein so kluger Hund mein allerbester Freund war!

GLÜCK IST …

… so lange ganz schnell zu rennen, bis hund gar nicht mehr kann!

Für mich ist das große Glück, liebe Menschen – und natürlich einen lieben Hund – um mich zu haben.

Oh ja, Glück ist, zu jemandem zu gehören!

Und Glück ist natürlich Marzipantorte! Und dazu ein heißer Milchkaffee.

Pizza!

Glück ist für mich deine Begeisterung, wenn wir zusammen *Lassie* schauen.

Glücklich machen mich diese kleinen Pusteblumendingsdas, wenn die so an der Nase kitzeln.

Glück ist, die Sonne über dem Meer auf- oder untergehen zu sehen.

Und wenn man über eine Sommerwiese spaziert und sich dabei vom Gras und den Blumen den Bauch streicheln lässt.

Glück ist, wenn dich jemand auf der Straße oder in der U-Bahn einfach so anlächelt.

Sehr, sehr glücklich bin ich, wenn du mir sagst, wie froh du bist, dass ich dein Hund bin!

Und Glück ist das warme Gefühl im Bauch beim Einschlafen, vor allem wenn ein besonders schöner Tag hinter uns liegt.

Schöne Erinnerungen sind auch ein Glück! An meinen Strand und an meine Mama und an die vielen feinen Sachen, die wir miteinander erlebt haben.

Glücklich bin ich, wenn wir gemeinsam durch ein Feld mit Sonnenblumen wandern.

Oder so viel Würstchen zu essen, dass es schon fast ein bisschen wehtut im Bauch.

Für mich ist Glück, sich frei zu fühlen.

Eigentlich ist doch das größte Glück, dass wir auf der Welt sind, oder?

Das ist wirklich das Allergrößte!

GELANGWEILT IM HIER UND JETZT

Mir ist langweilig.

Entspann dich.

Ich *bin* entspannt. So was von entspannt!

Dann sei still.

Aber ich find's öde hier.

Du musst lernen, entspannt im Hier und Jetzt zu sein.

Was Jacob offensichtlich nicht sonderlich schwerfiel. Schon seit Stunden lagen wir an einem heißen Sommertag im Schatten eines Baums am Elbstrand. Eine Weile hatte ich gelesen, dann ein Nickerchen gemacht, die Leute und Hunde beobachtet, doch jetzt reichte es mir. Jacob hatte schon viele Nickerchen hinter sich, viele Leckerlis vertilgt, viele Hunde beobachtet (und einige angeknurrt), und ihm war sichtlich überhaupt nicht langweilig.

Du könntest tagelang hier rumliegen, oder?

Solange die Versorgung mit kleinen Köstlichkeiten gewährleistet ist, klar.

Wird dir denn nie langweilig?

Du weißt doch: Hunde leben im Hier und Jetzt. Wir sind von Natur aus erleuchtete Wesen. Langeweile kennen wir gar nicht.

Die Sache mit dem Hier und Jetzt hatte Jacob neulich in einer Beratungsstunde aufgeschnappt: Ein gestresster Mensch sprach darüber, wie sein Kopf ständig von viel zu vielen Gedanken überflutet würde. Von Jobthemen über alltägliche Banalitäten bis zu Beziehungsproblemen. Ich erklärte ihm einfache Techniken, die ihm helfen könnten, seine Gedankenflut für eine Weile loszulassen und innerlich ruhiger zu werden. Wir sprachen auch über Achtsamkeit und die buddhistische Anschauung, dass Wahrheit und Realität nur im Hier und Jetzt existieren. Jacob war fasziniert! Schließlich traf die Beschreibung buddhistischer Meister, die es schaffen, ganz im Augenblick zu leben, mehr oder weniger auch auf meinen Hund zu. Denn er lebt ja stets in der Gegenwart. Wenn hund frisst, frisst er. Wenn er spielt, spielt er. Und wenn er sich in verwesenden Substanzen wälzt, tut er eben nur dies. Kein Gedanke an Zukunft oder Vergangenheit würde ihm je dabei in die mentale Quere kommen. Seine Schlussfolgerung: Hunde sind – ähnlich buddhistischen Meistern – erleuchtete Wesen. Denen selbstverständlich Bewunderung und Respekt gebühren.

Dabei fällt mir gerade ein, dass wir morgen ein Date beim Tierarzt haben. Die jährliche Impfung steht an.

Ich will nicht! Die Spritze tut doch so schrecklich weh!

Jacobs Erleuchtung schien abrupt nachzulassen. Den Tierarztbesuch zu erwähnen, war natürlich gemein und sehr unerleuchtet von mir. Aber ich konnte meinem inneren Teufelchen einfach nicht widerstehen.

Du hast mir den ganzen Tag verdorben!

Das verstehe ich nicht,

heuchelte ich.

Du lebst doch im Hier und Jetzt? Da wirst du deine wertvolle Zeit nicht mit Gedanken an morgen verschwenden, oder?

Fiesling!

Ausgiebige Streicheleinheiten und weitere Leckerlis ließen ihn die angekündigte Tortur bald vergessen. Und er konnte sich wieder den großen Fragen unserer Existenz zuwenden.

Warum ist es für euch eigentlich so schwierig, den Moment zu genießen?

Vielleicht müssen wir uns einfach um viel mehr Dinge Gedanken machen als ihr? Unser Leben dreht sich eben nicht ausschließlich um Fressen, Spielen und Imponiergehabe.

Pfff.

Selbstverständlich war Jacob diese Theorie entschieden zu profan. Und so wandte er seine Aufmerksamkeit lieber wieder dem Strandgeschehen zu. Mir war immer noch langweilig.

Mir ist immer noch langweilig!

Hm.

Ich frage mich, ob der ganze Hier-und-Jetzt-Kram wirklich hundertprozentig stimmt. Sicher, wenn ich meditiere, ist es bestimmt perfekt, ganz darin aufzugehen.

Hm.

Aber doch nicht immer. Manchmal ist es schließlich auch toll, sich an schöne Augenblicke zu erinnern, oder? Und zum Beispiel Urlaubsbilder anzuschauen.

Oh ja, das ist super!

Oder etwas Schönes zu planen, was in der Zukunft liegt. Wir könnten jetzt darüber nachdenken, was wir heute Abend essen und danach unternehmen könnten.

Das klingt auch fein!

Also ist das Hier und Jetzt nicht das allein Seligmachende?

Mir fällt grad ein, wie du neulich mit Bernd darüber sprachst. Der macht doch seit einer Weile solche Meditationssachen. Und ist total frustriert. Erinnerst du dich? Wie er sich beklagte, dass er es nicht hinbekommt mit dem »Im-Hier-und-Jetzt-Sein«? Obwohl er sich so sehr anstrengt.

Bernd war wirklich schwer frustriert. Er sei eben viel zu verkopft und unentspannt, klagte er sich selbst an. Weil er trotz täglicher Übungen keine Fortschritte machte. »Nicht mal jetzt«, meinte er, während wir zusammen bei ihm zu Hause saßen, »gelingt es mir nicht, *nicht* daran zu denken, was ich morgen zu tun habe!«

Ich mag Bernd wirklich gern. Nur kapiere ich nicht, warum er sich so schrecklich anstrengt, entspannt zu sein! Und sich dann noch selbst runterputzt, weil es nicht klappt.

Ich verstehe ihn auch nicht ...

Ist es denn echt so dramatisch, wenn man mal an morgen denkt?

Hey, du bist doch das erleuchtete Wesen von uns beiden. Findest du es denn schlimm?

Nö. Solange man nicht davon völlig ballaballa im Kopf wird.

Ich bin erleichtert!

Wieso macht ihr aus jeder einfachen Sache immer so ein Riesending? Hier im Sand liegen und den Tag genießen? Super. Ein Gedanke an morgen kommt angeflogen? Okay. Zu viele Gedanken, sodass es einem die Stimmung versaut? Die sollte man besser drosseln. Ist das wirklich so schwer?

Und wenn man sich langweilt im Hier und Jetzt, erleuchteter Meister?

Dann sollte man zu der Würstchenbude da hinten gehen.

Ich bin Vegetarier!

Aber ich nicht.

EWIG LEBEN?

Und hier wurde wirklich deine Freundin Paula verbuddelt?,

fragte mich Jacob, nachdem wir eine Weile schweigend an Paulas Grab gesessen hatten.

Ihr Körper wurde verbrannt und ihre Asche dann an dieser Stelle vergraben, ja.

Ich werde auch sterben, oder? Wirst du mich dann auch verbrennen und verbuddeln?

Wir werden alle sterben. Und wenn es dich vor mir erwischt, werde ich deinen Körper verbrennen lassen und begraben. Ist das okay für dich?

Klar. Und wirst du dann traurig sein?

Allein der Gedanke daran macht mich jetzt schon traurig.

In meinem Hals spürte ich einen dicken Kloß, und meine Augen wurden feucht.

Kann es auch sein, dass ich noch lebe, wenn du stirbst?

Das ist möglich.

Ein schrecklicher Gedanke. Dass du weggehst so wie damals in Indien, aber ich ganz sicher weiß, dass du nie zurückkommen wirst.

Jetzt sah ich auch in Jacobs Augen Tränen. So saßen wir an Paulas Grab und waren traurig über den Gedanken, uns eines Tages zu verlieren.

Dass ich irgendwann nicht mehr da bin, finde ich gar nicht so schlimm.

Du hast keine Angst vor dem Tod?

Nein. Wenn ich nicht mehr da bin, kriege ich es ja auch nicht mehr mit.

Stimmt.

Und vielleicht klappt's ja doch mit der Wiedergeburt oder dem Paradies.

Ich fürchte mich trotzdem ein bisschen davor zu sterben.

Menschen machen sich sehr viele Gedanken über ihren Tod, oder?

Er spielt bei uns wohl eine größere Rolle als bei euch. Ich glaube, die meisten Menschen würden am liebsten so lange wie nur irgend möglich leben.

Du möchtest am liebsten gar nicht sterben?

Der Gedanke, unsterblich zu sein, wäre doch sehr beruhigend. Unendlich viel Zeit zu haben ...

Aber wärt ihr dann auch viel glücklicher?

Gute Frage. Man könnte immerhin unendlich viel Schönes erleben, ewig lernen und sich immer weiterentwickeln, und man hätte keinen Zeitdruck.

Jacob schien intensiv nachzudenken. Bis er meinte:

Ich glaube, nur ein sehr dummer Mensch würde sich so etwas wünschen.

Wieso denn das?

Denk doch mal daran, wie viele schöne Dinge du auf morgen oder nächste Woche oder wannauchimmer verschiebst. Weil du gerade faul bist oder etwas wahnsinnig Wichtiges zu erledigen hast.

Oder weil es unbequem sein könnte oder weil du ein bisschen Angst davor hast.

Na ja ...

Stell dir vor, du hättest unendlich viel Zeit. Kann es nicht sein, dass du dann gar nichts mehr tun würdest? Weil du es ja auch im nächsten Jahrhundert erledigen könntest?

Da ist was dran. Vielleicht wären wir völlig untätig und depressiv.

Birgit allerdings nicht. Die hat ja immer was zu tun.

Stimmt, Birgit würde wohl bis in alle Ewigkeit wie ein Aufzieh-Äffchen ihre To-do-Listen abarbeiten.

Wir lachten, und der Gedanke an meine ewig aktive Kollegin hob meine trübe Stimmung.

Du hast wahrscheinlich recht. Wir würden als Unsterbliche unser Leben und was wir damit anstellen gar nicht wirklich schätzen können. Welchen Wert hätte etwas, das ich noch tausendmal wiederholen kann? Würden wir einen Urlaub an einem wunderschönen Ort genießen, wenn wir beliebig oft zurückkehren könnten?

Und wie würdet ihr mit anderen Menschen umgehen, wenn ihr doch unendlich viele neue Menschen kennenlernen könntet?

Vielleicht würden wir Freundschaften sogar mehr pflegen, weil sie ja für die Ewigkeit halten müssen.

Möglich.

Wenn ich das alles bedenke, würde ich mich wohl nicht dafür entscheiden, ewig zu leben.

Auch wenn der Gedanke ans Sterben dir Angst macht?

Auch dann. Vielleicht ist das Leben ja nicht so wundervoll, obwohl es nicht ewig dauert – sondern gerade weil es endlich ist.

Jacob nickte zustimmend.

Hatte Paula eigentlich ein schönes Leben?

Ich glaube, sie würde dir antworten, dass sie ein sehr schönes Leben hatte. Selbst als sie krank wurde und abzusehen war, dass sie sterben würde, hat sie ihr Leben sehr genossen. Vielleicht sogar mehr als jemals zuvor. Du kennst doch das Foto, auf dem sie mit einer Kaffeetasse in der Hand auf meiner Gartenbank in der Sonne sitzt? Da ging es ihr sehr gut – obwohl sie so krank war.

Es wäre schön, wenn sie jetzt hier bei uns sitzen könnte.

Das würde ihr bestimmt sehr gefallen!

Ich konnte mir gut vorstellen, wie meine beste Freundin, die ich schon seit vielen Jahren nicht gesehen hatte, neben mir auf der Bank sitzt und sich mit uns über den schönen Tag freut. Plötzlich drehte sich Jacob zu mir und strahlte mich an.

Mir fällt gerade ein, was der schlaue gezeichnete Hund sagte ...

Snoopy?

... als sein Charly Brown meinte, dass wir alle eines Tages sterben müssen, antwortete er: »Aber an allen anderen Tagen nicht!«

Mein Hund und ich lächelten uns an.

Wir müssen heute wohl nicht sterben, oder?

Höchstwahrscheinlich nicht.

Dann lass uns etwas richtig, richtig Tolles machen!

Du meinst, wir könnten Pizza bestellen?

Sehr feine Idee! Mit ganz viel Pizza im Bauch lässt sich der Gedanke an unsere Endlichkeit doch viel leichter ertragen. Findest du nicht?

Ich staune, dass Pizza deine Antwort auf alle existenziellen Fragen ist!

Hast du etwa eine bessere?

Nö.

DER SINN DES LEBENS

Schön ist das.

Sehr schön!,

> pflichtete ich meinem Hund bei, der neben mir auf seinem Kissen vor unserem Kamin saß. Ein Feuer brannte, während es draußen winterlich stürmte. Heute war der dritte Advent und das Wohnzimmer schon weihnachtlich geschmückt und sehr gemütlich.

Sehr hübsch ist auch dieses Häuschen mit den Tieren und Menschen drin. Nur die blaue Figur mit der weißen Mütze in dem kleinen Bett passt nicht so gut zu den anderen, finde ich.

Wenn jemand nicht das Christkind zerbissen hätte, müsste auch nicht ein Schlumpf seinen Platz in der Krippe einnehmen.

Ah ja. Und was war noch mal der Grund für das alles?

Wir feiern bald Weihnachten. Da ist es Tradition, eine Krippe aufzustellen und einen Christbaum und alles schön zu schmücken.

Gefällt mir sehr! Warum machen wir das nicht öfter?

Weil Weihnachten ein Fest ist, das nur einmal im Jahr stattfindet.

So wie diese Leckerli-Suchaktion mit dem Kaninchen?

Ostern, genau.

Jacob nickte, und ich wusste, ich würde ihm bis zum Fest noch einige Male erklären müssen, was es damit auf sich hat. Fasziniert ruhte sein Blick weiterhin auf unserer Krippe mit dem schlumpfigen Jesuskind.

Kalli sagte neulich, sein Mensch sagt, dass das Leben eigentlich gar keinen Sinn hat. Und Kalli würde das genauso sehen.

Ich stutzte kurz über den Themenwechsel.

Tja, einige Philosophen sind auch zu dem Schluss gekommen, dass es so etwas wie einen Sinn des Lebens gar nicht gibt.

Benny hat nur staunend zugehört und schließlich gemeint, dass er alles total sinnvoll findet. Der hat wohl mal wieder gar nicht kapiert, worum es geht.

Das wundert mich nicht.

Wie schon erwähnt, gehört Benny nicht zu den allerintelligentesten Exemplaren seiner Spezies.

Und ihr unterhaltet euch tatsächlich über den Sinn des Lebens?

Selbstverständlich! Denkst du etwa, Hunde haben nur Fressen und Spielen im Sinn?

Na ja ...

Fragt sich nicht jedes hochentwickelte Wesen nach dem Sinn seines Daseins?

Wenn du mich so fragst ... Klar, schon, vielleicht. Ich habe nur noch nie mitbekommen, dass du mit deinen Freunden solche Diskussionen führst.

Du sprichst doch mit deinen Menschen sicherlich auch über diese wichtigen Dinge, oder?

Ehrlich gesagt, ich habe schon lange nicht mehr mit jemandem über den Sinn des Lebens gesprochen.

Wirklich nicht? Aber mit den Menschen, die zu dir kommen, damit du ihnen hilfst – die wollen doch ganz sicher mit dir darüber reden?

Tatsächlich spielt der Sinn des Lebens im Allgemeinen auch im Coaching keine so große Rolle. Zumindest möchte kaum jemand darüber sprechen.

Erstaunlich ...

Jacob schüttelte langsam den Kopf und war sich anscheinend nicht ganz sicher, ob ich ihn nicht doch auf den Arm nahm.

Und wann hast du dich mit Kalli und Benny zum Philosophieren getroffen?

Neulich waren wir doch alle bei Trudis Geburtstag eingeladen. Als sich hinterher dein Kopf nicht fein anfühlte, weil du zu viel von diesem Blubberwasser getrunken hattest.

Ich erinnere mich dumpf.

Wir hatten irgendwann keine Lust mehr auf Spielen und haben uns gepflegt unterhalten. Wie Hunde es eben tun.

Logisch. Über den Sinn des Lebens.

Genau. Und Trudi hat gemeint, der Sinn unseres Lebens ist es, für unsere Menschen da zu sein und dafür zu sorgen, dass es euch gut geht.

Das ist schön. Und was denkst du?

Ich bin mir nicht ganz sicher.

Ach?

Ohne große Mengen schmackhafter Nahrung und ohne eine gesunde Verdauung wäre das Leben wohl ziemlich sinnlos ...

Mit so einer profanen Antwort hätte ich jetzt nicht gerechnet,

meinte ich etwas beleidigt. Aber da grinste mich Jacob breit an:

Natürlich *ist der Sinn meines Lebens, mit dir zusammen zu sein!*

Da bin ich aber beruhigt.

Bin ich auch dein Sinn?

Du meinst neben meiner Arbeit, Urlaubsreisen, guten Büchern, einer gesunden Verdauung.

Idiot.

Ich hab dich auch lieb.

Dann findest du nicht, dass das Leben sinnlos ist?

Auf gar keinen Fall!

Ich auch nicht. Kalli ist so ein Trottel. Der plappert sowieso nur nach, was sein Mensch sagt.

Das würdest du nie tun?

Warum sollte ich nachplappern, was du so von dir gibst?!

Er grinste mich erneut an, und ich gab ihm einen Kuss auf eines seiner Schlappohren.

Hätte man mich vor zwanzig Jahren gefragt, worin ich den Sinn meines Lebens sehe – ich hätte wohl gesagt, dass ich auf der Welt bin, um zu lernen und mich persönlich immer weiterzuentwickeln.

Und heute?

Die Liebe. Ich glaube, wir sind auf der Welt, um das Leben und die Welt und vor allem unsere Menschen und natürlich besonders unseren Hund lieb zu haben. Weil uns das am glücklichsten macht, oder?

Manchmal sagst du echt gute Sachen.

Oder frei nach Loriot: »Ein Leben ohne Hund ist möglich – aber sinnlos.«

Kluger Mensch!

Als ich etwas später mit meiner Kaffeetasse aus der Küche zurückkam, hatte mein Hund seinen Kopf gerade tief in unserer weihnachtlichen Krippe versenkt.

Du ziehst doch nicht ernsthaft in Erwägung, auch noch Maria, die Mutter Gottes, zu verstümmeln?

Jacob zog den Kopf schnell wieder heraus.

Das soll die Mama von eurem Gott sein? Diese kleine unscheinbare Person?

Die ich ungern auch noch durch einen Schlumpf ersetzen würde ...

UND
SCHLIESSLICH ...

WAS SCHREIBST'N DU DA?

Ich beginne gerade mit dem Schlusskapitel für unser Buch.

Du bist tatsächlich schon fertig damit?

Ich glaube schon. Alles, was ich den Menschen von uns beiden erzählen wollte, habe ich aufgeschrieben.

Alles, was ich dir beigebracht habe? Auch über das Glücklichsein?

Habe ich alles notiert.

Wie immer in der Schlussphase eines neuen Buchs fand ich es nicht leicht zu entscheiden, ob wirklich alles Wichtige gesagt war. Um darüber nachzudenken und schließlich die letzten Seiten zu schreiben, hatte ich mich im Spätherbst in ein Ferienhaus zurückgezogen – an der von Jacob und mir so geliebten dänischen Nordsee. Während es draußen schon winterlich kalt war, hatte ich es mir mit dem Notebook auf dem Schoß vor dem Kaminofen gemütlich gemacht. Jacob stand jetzt ganz aufgeregt vor mir, zog freudig seine Schlappohren hoch und wedelte mit dem Schwanz.

Das ist toll! Und da fehlt auch wirklich nichts?

Ich denke, ich habe an alles gedacht.

Ob es den Menschen wohl gefällt, von uns beiden zu lesen?

Jacob schaute mich mit einer etwas besorgten Miene an.

Das hoffe ich.

Meinst du denn, sie werden von uns auch etwas lernen?
Um selbst ein bisschen glücklicher zu sein?

Hast du Zweifel?

Na ja, man kann euch schließlich eine Menge kluger Sachen erzählen.

Was aber noch lange nicht bedeutet, dass wir auch daraus lernen?

Jedenfalls weiß ich ja von dir, dass du manchmal recht schwerfällig sein kannst.

Vielen Dank.

Wenn ich dir etwas sehr fein Vernünftiges erkläre, sagst du oft Sachen wie »Stimmt, das würde mir sicherlich guttun.« Oder »Das sollte ich wirklich mal angehen.« Aber dann machst du meistens gar nichts.

Du weißt doch, Menschen brauchen eben manchmal ein paar Anstöße.

Und du meinst, wir stupsen sie mit unserem Buch genug an?

Möchtest du denn den Lesern noch etwas ganz besonders ans Herz legen?

Jacob schaute eine Weile schweigend ins Feuer. An den kleinen Falten auf seiner Stirn war zu erkennen, wie intensiv er nachdachte. Bis er mich anstrahlte und fröhlich verkündete:

Hört einfach auf euren Hund!

Guter Punkt! Aber wenn jemand gar keinen Hund hat?

Wie? Du meinst, es gibt Leute, die ihr Leben ohne einen Hund auf die Reihe kriegen?

Ich habe schließlich auch die allermeiste Zeit ohne dich gelebt.

Eben!

Jacob warf mir einen mitleidigen Blick zu.

Und was ist denn eigentlich mit deiner Mitleidkrise?

Meiner was?

*Na, der Mitleidkrise, die du hattest, als wir uns kennenlernten.
An meinem Strand.*

Ach, meine Midlife-Crisis. Stimmt, davon hab ich ganz am Anfang erzählt. Daran denken die Leser bestimmt gar nicht mehr.

Wo ist die denn heute, deine Krise?

Keine Ahnung. Ich hatte damals wirklich eine Menge Zweifel an meinem Leben. Aber die scheinen sich tatsächlich in Luft aufgelöst zu haben …

Zweifelst du heute denn nicht mehr?

Tja, ich habe zwar immer noch Fragen an mein Leben – aber größere Zweifel? Nö, die habe ich eigentlich nicht mehr.

Wieso?

So genau weiß ich das gar nicht. Vielleicht liegt es daran, dass ich heute jeden Tag viel mehr genieße als früher? Jedenfalls habe ich nicht mehr das Gefühl, es müsste irgendwas Großes, Bedeutsames geschehen, damit mein Leben einen Sinn hat.

Weil dir dein Leben jetzt groß und bedeutsam genug ist?

Ich musste lachen.

Das würde ich so nicht sagen. Ob groß, klein, bedeutsam. Ich glaube, es ist mir einfach nicht mehr so wichtig. Oder vielleicht nur ein bisschen. Viel wichtiger finde ich, heute das Beste aus meinem Leben zu machen, dem Tag, dem Augenblick – was eben gerade im Angebot ist.

Du denkst schon fast wie ein Hund.

Das ist positiv, oder?

Selbstverständlich, sehr positiv!

Jacob strahlte.

Okay. Dann sind wir also fertig? Kann ich meinen Computer ausschalten?

Nee, warte mal.

Gibt's noch etwas, das ich aufschreiben soll?

Meinst du, die Menschen haben verstanden, dass das Glücklichsein meistens in den kleinen Dingen liegt?

Ich glaube, das ist rübergekommen.

Auch, dass es wirklich immer etwas gibt, um bessere Laune zu bekommen?

Wie ein Eichhörnchen zu jagen, Altpapier zu zerkauen oder ein paar Bäume anzupinkeln?

Zum Beispiel.

Ich bin mir sicher, das haben die Leser inzwischen verstanden.

Fein. Auch dass sie nicht immer so böse mit sich selbst sein sollen?

Wir können es ihnen ja noch mal sagen.

Gern: Liebe Menschen, seid ein bisschen netter zu euch selbst. Ihr seid zwar eine echt merkwürdige Spezies. Aber viel liebenswerter, als ihr vielleicht glaubt!

Er ging langsam zum Fenster und schaute eine Weile hinaus in die weite graue Heidelandschaft.

Ich mache mir nur ein bisschen Sorgen über die Leute, die noch nicht von einem Hund adoptiert wurden, der ihnen helfen kann.

Tja, die sind wirklich arm dran.

Aber wenn die es mit dem Glücklichsein nicht so gut hinbekommen, dann können sie mir ja 'ne hübsche Postkarte schreiben.

Und du hilfst ihnen dann?

Na klar!

Okay, ich sag es ihnen.

Prima. Dann können wir uns jetzt endlich den wichtigen Dingen des Lebens zuwenden.

Lass mich raten: Es hat irgendetwas mit Nahrungsaufnahme zu tun?

Bingo. Wie wär's mit einem dieser heißen Hundewürstchen, die die Leute hier überall essen?

Hotdog?

Jacob nickte, grinste und wedelte.

Ausnahmsweise. Aber für dich ohne Soße und Brötchen.

Was für ein Hundeleben ...

ABSCHIED

Es riecht schon ein bisschen nach Schnee, finde ich.

Mag sein, aber mir ist echt kalt! Ich glaube, es ist Zeit, nach Hause zu fahren.

Unser Auto stand vollgepackt bereit, und der Ferienhausschlüssel war schon abgegeben. Jacob und ich gingen noch ein paar Schritte nebeneinander am Strand im schwachen Licht der Morgensonne und nahmen Abschied. In einigen Stunden würden wir bereits zurück in der Stadt und in unserem Alltag sein.

So ein Abschied vom Meer ist immer ein wenig traurig.

Finde ich auch. Aber wir kommen ja bestimmt bald wieder.

Trotz der Kälte setzte ich mich in den feuchten Sand, und Jacob kuschelte sich ganz eng an mich. So saßen wir dort noch einen Augenblick und schauten in die Wellen.

Vielleicht sind wir ja jetzt auch zum letzten Mal zusammen hier?,

sagte Jacob ganz leise, ohne mich anzuschauen.

Wie kommst du denn darauf?

Na ja, es könnte doch sein. So schnell wie Paula krank wurde und starb? Und so wie meine Mama und mein Papa plötzlich verschwunden waren. Das kann doch schließlich dir oder mir auch geschehen, oder?

Das stimmt. Ein sehr trauriger Gedanke.

Einerseits ja ...

Und andererseits?

Es ist doch auch gut, daran zu denken, dass nicht alles automatisch immer so weitergeht.

Und das ist gut?

Aber ja! Sonst wären wir ja kaum dankbar für das feine Leben, das wir heute haben.

Und würden es für selbstverständlich halten?

Genau. Aber weil wir jetzt daran denken, können wir es noch ein bisschen mehr genießen.

Trotzdem hoffe ich, dass vor uns noch eine lange, lange gemeinsame Zeit liegt.

Klar! So lang wie der Strand bis zum Horizont und dann noch ein bisschen weiter.

Ich bin gespannt, wohin uns unser Weg noch führen wird.

Oh ja, ich auch!

JACOB UND TOM

lernten sich im Dezember 2012 im indischen Varkala kennen, als Jacob noch ein Welpe war. Es brauchte fünf Monate und jede Menge Nerven, bis sie endlich im Mai 2013 in Frankfurt gemeinsam aus dem Flugzeug steigen konnten. Seitdem leben sie mit Kater Camino in Hamburg.

Die Geschichte von Jacobs langem Weg und Toms Odyssee durch den deutschen und indischen Behördendschungel erzählt das Buch *Jacobs Weg – von Südindien an den Elbstrand.*

www.jacob-und-tom.de

MEIN GANZ GROßER DANK

bei der Realisierung dieses Buchs gilt meiner Lektorin Ariane Hug und dem Team vom Herder Verlag, Roelie van Heerden für seine wunderbaren Zeichnungen, die mir durch Zufall auf einer Reise durch Südafrika begegneten, Svenja Hofert, Astrid Wahl, Mechthild Klein und ganz besonders meiner Mutter für die großartige Unterstützung.

An dieser Stelle möchte ich auch noch einmal den vielen Menschen in Indien und Deutschland danken, die mir 2013 halfen, Jacob nach Hamburg zu holen.

Und schließlich danke ich Jacob für seine Freundschaft und sein unendlich großes Vertrauen. Was würde ich nur ohne dich tun?

Die wahre Geschichte von Jacob und seiner langen Reise

Kartoniert
ISBN 978-3-746-06620-2

Jacob ist ein junger Strandhund, der am Meer im südindischen Varkala lebt. Während Tom dort Urlaub macht, lernen sich die beiden kennen und sind bald unzertrennlich. Allerdings braucht Tom etwas länger, bis er begreift, dass sein neuer Freund und er zusammengehören. Erst als er schon zurück in Deutschland ist, entschließt er sich, Jacob nach Hamburg zu holen. Damit beginnt für beide ein langer Weg – eine Odyssee durch Behördendschungel, kulturelle Unterschiede und eine Menge indischer Kuriositäten.

In jeder Buchhandlung!